ドキュメント・ユニバーサルデザイン

旅の夢かなえます

だれもがどこへでも行ける旅行をつくる

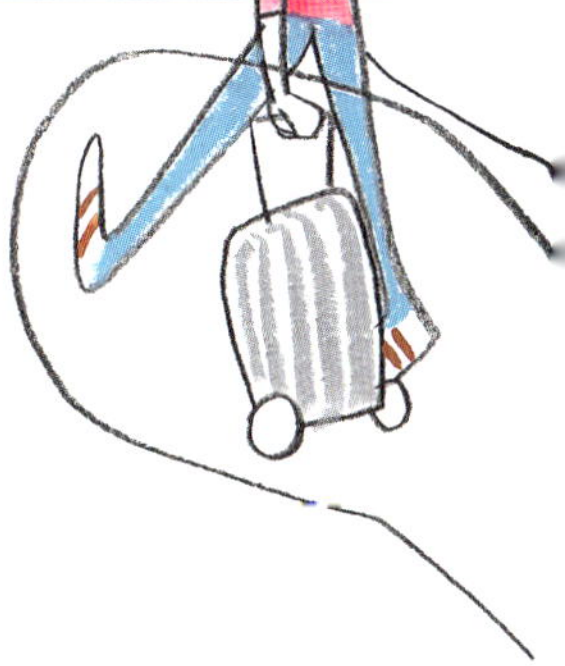

三日月ゆり子

mikazuki yuriko

ドキュメント UD

大日本図書

土産《みやげ》物屋めぐりが大好きな全盲《ぜんもう》の旅人、服部敦司《はっとりあつし》さん。オランダ・デルフトのアンティークショップで。〈第1章〉

オランダ・アムステルダムの運河《うんが》で。風を感じて。〈第1章〉

オランダ・エダムを散策中《さんさくちゅう》。路地にたたずんで。〈第1章〉

ハワイ･ホノルルマラソンツアーで。後列左から二人目は、同行した社長の高萩徳宗《たかはぎのりとし》さん。〈第2章〉

高齢者《こうれいしゃ》や障害者《しょうがいしゃ》も楽に参加できる少人数ツアーをつくる旅行会社の屋久島《やくしま》ツアーで。〈第2章〉

電動車いすで広島《ひろしま》市の路面電車･グリーンムーバーに乗る、乗り物が大好きな麩澤孝《ふざわたかし》さん。〈第3章〉

グリーンムーバーは、車両と停留所《ていりゅうじょ》との段《だん》差《さ》がほとんどなく、車内には、優先《ゆうせん》スペースがあります。〈第3章〉

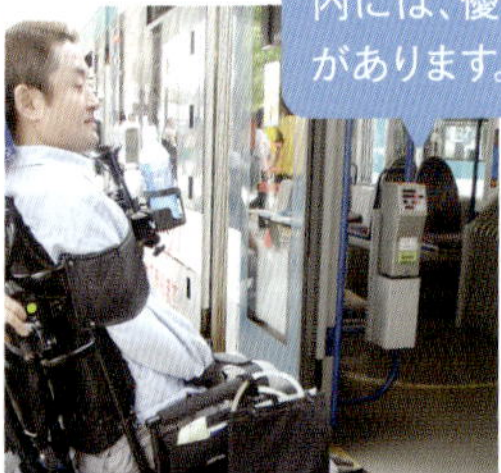

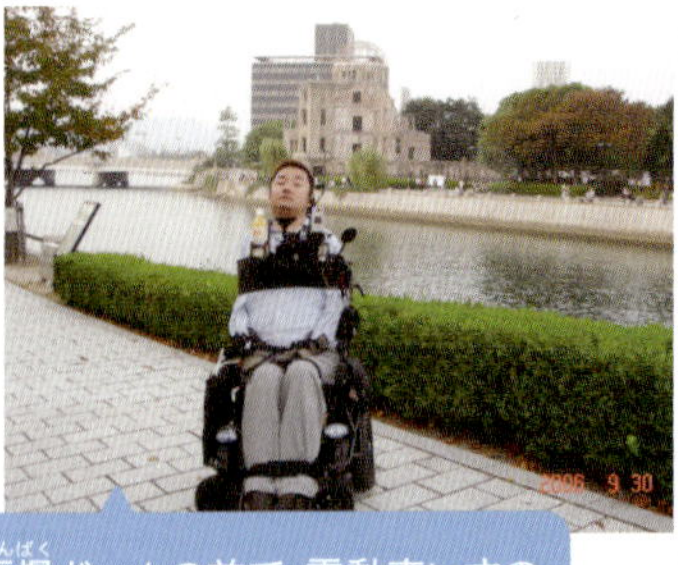

原爆《げんばく》ドームの前で。電動車いすの操作《そうさ》部分に、ペットボトルや携帯《けいたい》電話なども装着《そうちゃく》します。〈第3章〉

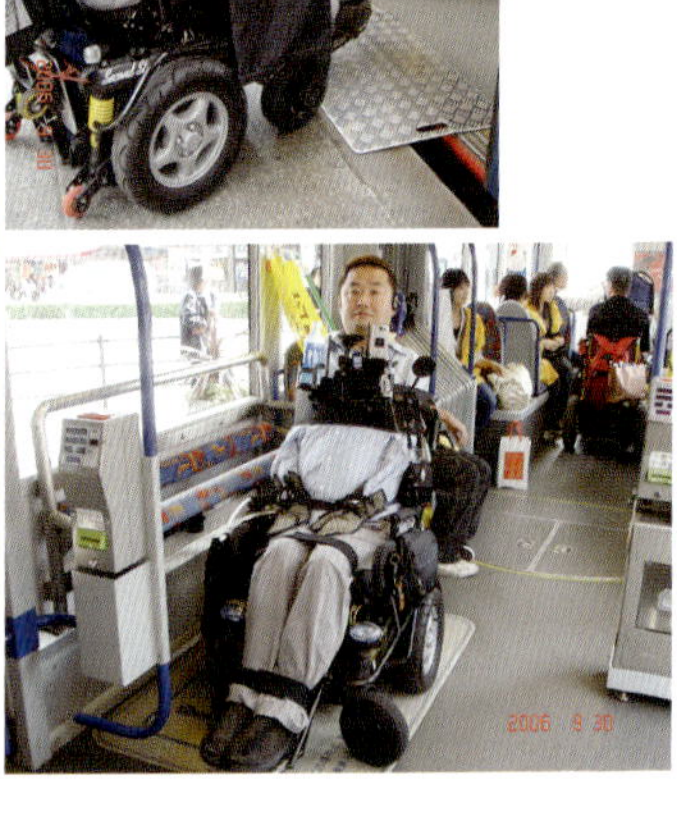

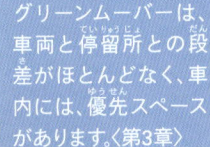

勤務《きんむ》するマリーナで、視覚障害《しかくしょうがい》のある人に模型《もけい》をさわってもらいながら、アクセスディンギー（ヨット）の説明をする秋元昭臣《あきもとあきおみ》さん（右）。〈第4章〉

秋元《あきもと》さんがホテル時代にバリアフリーにかかわった、ホテルのデッキ。〈第4章〉

海に面した露天風呂《ろてんぶろ》。足の不自由な人も、水場用車いすに乗ったり、手すりとステップを利用して入ることができます。〈第4章〉

砂浜や、プールも楽しめる車いすも用意してあります。〈第4章〉

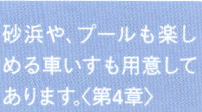

英語のパンフレットなどをそろえた、澤《さわ》の屋《や》の情報《じょうほう》コーナー。祭りなど、その時期の近辺の行事も案内されています。〈第5章〉

東京《とうきょう》・谷中《やなか》にある、家族で経営《けいえい》する小さな旅館、澤《さわ》の屋《や》。主人の澤《さわ》功《いさお》さん（左）と、これから10連泊《れんぱく》する予定の若《わか》いカップル。〈第5章〉

はじめに

だれだって旅に出たい！

みなさんは、旅が好きですか？

旅が好きな人は、どんなときにだれと、どこへ、どんなふうに旅をしたいと思うでしょうか？　反対に、旅なんかきらいだという人は、どうしていやになったのでしょう。

ある人は、勉強や仕事が忙《いそが》しくてストレスいっぱいの日常《にちじょう》から解放《かいほう》されるために、旅に出るかもしれません。また、家族や友だちとの思い出づくりをするために、みんなでワイワイ出かけるのが好きな人もいるでしょう。一方で、旅がきらいだという人は、旅先で体調を崩《くず》したり、いっしょに行った友だちと、けんかをしたことがあるのかもしれません。

しかし、たとえいやな思い出があるとしても、好きなときに自由に旅に出られるというだけで、とても幸せなことではない

でしょうか。

世の中には、旅行に行きたくても行けない人がいます。旅行に行くお金がない、ということもあります。また、障害《しょうがい》があったり、年をとって体が思うように動かないということで、旅をあきらめてしまっている人もいます。車いすを利用している、目が見えないなどの理由によって、乗ることができない乗り物があったり、行くことができない観光地があったり、宿泊《しゅくはく》を断《ことわ》られたりするのは、とても不公平なことではないでしょうか。また、なんらかの障害《しょうがい》があるというだけで、旅行会社からツアーの申しこみを断《ことわ》られることさえあるといいます。

みなさんの中には、「体が不自由な人は、旅なんてしたいと思わないんじゃないの？」と思う人もいるでしょう。目が見えなかったら風景が楽しめないし、自分の足で歩けなかったら、ショッピングだって山登りだってつまんないよ、と。

でも、それは障害《しょうがい》のない人たちの、勝手な考え方ではないでしょうか。障害《しょうがい》のある人はみんないっしょだと考えて、思わぬトラブルだって起こることもある、めんどうくさい旅行なんかしたいはずがない、などと思いこんでいませんか。

どんな不自由があろうと、一人ひとりが「旅に出たい」と思う気持ちを、踏《ふ》みにじられるようなことがあってはなりません。

この本では、障害《しょうがい》によってあきらめることなく旅を楽しんでいる人、そして、一人ひとりの旅を全力でサポートする人たち、五人の背中《せなか》を追いかけました。

海外に一人旅に出かけた全盲《ぜんもう》の男性《だんせい》、乗り物が大好きで、電動車いすで寝台車《しんだいしゃ》にも挑戦《ちょうせん》した男性《だんせい》。そして、高齢者《こうれいしゃ》や障害《しょうがい》のある人の旅をつくる旅行会社の社長、手作りのバリアフリーグッズから、だれにでも利用できる設備《せつび》をめざした元ホテルマン、流暢《りゅうちょう》な英語ではなくおもてなしで外国人を迎《むか》える小さな日

本旅館の主人。

立場はそれぞれですが、だれもが旅を楽しむこと、また、より楽しい旅をサポートすることを追い求めてやみません。

そして、「障害《しょうがい》がある人だから」「外国人だから」といって、特別《とくべつ》あつかいしたり、されたりすることを望まない点でも共通しています。彼《かれ》らは、旅のすばらしさを伝えてくれるだけではなく、わたしたちの障害《しょうがい》に対する考え方さえも変えてしまうかもしれません。


それでは、ときにはそれまでの人生を百八十度変えてしまうような、ワクワク感いっぱいの「旅」に情熱《じょうねつ》を傾《かたむ》ける五人の物語を、どうぞお楽しみください。

旅の夢かなえます
だれもがどこへでも行ける旅行をつくる

もくじ

景色が見えなくても旅は楽しい

一人旅がくれた宝《たから》物《もの》

大阪府《おおさかふ》の枚方《ひらかた》市立中央図書館で働いている服部敦司《はっとりあつし》さんは、旅が大好きです。

「ハワイにトルコ、モンゴルにニュージーランド……。これまでに訪《おとず》れた国は十五か国以上になりますね。だれかといっしょに行くのも好きだけど、一人旅も好きなんです。旅先では、観光地に行くだけでなく、乗馬やダイビング、釣《つ》りなども楽しむんですよ」

ふだんは、たくさんの本に囲《かこ》まれて仕事をしている服部さんは、旅行に出ると解放的《かいほうてき》な気分になれるのだと言います。

旅行中に撮《と》りためた写真を片手《かたて》に、ソフトな関西弁《かんさいべん》で、それぞれの国のユニークな四方山話《よもやまばなし》を聞かせてくれる服部さんは、じつは、それらの写真を、一度も自分の目で見たことはありません。

旅に出てリフレッシュしたい！ その気持ちはだれでも同じ

服部《はっとり》さんは一九六二年生まれ。全盲《ぜんもう》の視覚障害者《しかくしょうがいしゃ》です。緑内障《りょくないしょう》という目の病気のために、視野《しや》（目で見える幅《はば》）がだんだんと狭《せま》くなり、十二歳《さい》のときに失明《しつめい》しました。

図書館では、目が見えない人など、ふつうの本を読めない人のための録音図書《ろくおんとしょ》（本の文章を読み上げて録音《ろくおん》したもの）を作ったり、点字の本や録音図書の貸《か》し出《だ》し、それに、対面朗読《ろうどく》（目が見えない人のために、その人の前で声に出して本を読むこと）の手配などの仕事をしています。

服部さんは、旅をするようになって最初のころ、旅先にカメラを持っていくことなど考えてもいませんでした。それは、旅の思い出を、自分では見ることのない写真に撮《と》っても意味がないと思ったからです。でも、日本に帰ってから、旅先でのいろいろな出来事を、目が見える人に対して伝えたいと思い、カメラを持っていくようになりました。

「写真を撮《と》る」といっても、自分で撮《と》るわけではありません。ここ、という場所で、友だちや、知り合った人に撮《と》ってもらうのです。

旅の写真を見ながら、その写真に写っているもののことを話すと、服部さんはそのときのことを思い出して、聞いたり、さわったり、感じたりしたことを話してくれます。

「景色が見えないのに、なんで旅をするのかと思うかもしれません。でも、たとえば友だちとけんかしたり、勉強や仕事でうまくいかないことがあったとき、旅に出てリフレッシュしたいと思いますよね。それは、目が見えていても見えなくても、変わらないことだと思うんですよ」

たとえ目が見えなくても、知らない国に行って、その国の人と、身振《みぶ》り手振《てぶ》りをまじえながら、片言《かたこと》の英語で会話を楽しむこと、そして、視覚《しかく》以外の感覚である、嗅覚《きゅうかく》・聴覚《ちょうかく》・味覚《みかく》・触覚《しょっかく》（におい、音、味、さわること）をフルに使うことで、旅を満喫《まんきつ》することができる、と服部さんは言います。

ニーズに合ったガイドがあれば

服部《はっとり》さんのような全盲《ぜんもう》の人が、目が見えないなかでも旅を楽しんでいることは、とてもすばらしいことです。とはいえ、実際《じっさい》に、全盲《ぜんもう》の人は、旅行中にどんな不便さを感じるのでしょうか。

たとえば、全盲《ぜんもう》の人が一人で、あるいは全盲《ぜんもう》の人どうしで旅に行く場合、交通機関を使い、点字ブロック（視覚障害者誘導用《しかくしょうがいしゃゆうどう》ブロック）や、点字の案内板などを利用すれば、目的地にたどり着くことはできるでしょう。しかし、はじめての場所で、点字ブロックがない場所などでは、自由に移動《いどう》することができず、どうしても行動範囲《はんい》がかぎられてしまいます。

また、予定していた観光地やレストランなどに行くことだけでなく、途中《とちゅう》でたまたま見つけた場所やお店などに立ちよる、偶然《ぐうぜん》の出会いも楽しいものです。しかし、全盲《ぜんもう》の人は、「目で見つけてふらりと立ちよる」ということができません。旅のほんとうの楽しみとなる「枝葉《えだは》の部分」には、なかなか行き着くことができないのです。

そこで、その土地のことをよく知っているガイドが頼《たよ》りになります。ガイドに頼《たの》めば、単なる点から点、つまり目的地から目的地へだけの旅にとどまらず、目的地のまわりや、移動《いどう》の途中《とちゅう》にある、地元ならではのお店や町並《まちな》みにも出会うことができます。

国内の観光地では、そんなガイドボランティアがいる場所があります。

服部さんも以前はよく、こうしたガイドボランティアにお願いして、国内旅行をしました。ところが、服部さんは、少し残念な体験をしたことがあったそうです。

「わたしは土産物屋《みやげものや》さんが好きなんです。その土地でしか食べられないものを食べたいし、その土地にどんなものを売っているのか知りたい。土産物屋《みやげものや》さんに行けば、どちらも楽しむことができますよね。ところが、わたしの出会ったガイドの方はたいてい年《ねん》配《ぱい》の男性《だんせい》で、名所旧跡《めいしょきゅうせき》の説明は得意でも、ショッピングに関することは苦手《にがて》でした。つまり、こちらのほしい情報《じょうほう》を、うまく伝えてもらえなかったんです」

たとえば、子どものころから好きだった、漫画家《まんがか》の水木《みずき》しげるさんのゆかりの地に行ったときのことです。『ゲゲゲの鬼太郎《きたろう》』のグッズが見たいのに、ガイドの男性《だんせい》は売っている場所を見つけることができず、結局、行けないまま断念《だんねん》しました。

服部さんは、センスのいい土産物屋《みやげものや》さんを紹介《しょうかい》してくれるなど、自分のニーズに合ったサービスをしてくれるガイドのグループがあるならば、有料でも利用したいと考えています。

障害《しょうがい》のある人が、生活するために最低限《さいていげん》必要なことは無料であるべきですが、旅行というのは余暇《よか》活動です。ですから、旅行にかかわるサービスまでボランティアである必要があるのだろうか、と服部さんは疑問《ぎもん》に思うこともあるそうです。

「日本では、ＪＢＯＳ《ジェイボス》（全国視覚障害者外出支援連絡会《しかくしょうがいしゃしえんれんらくかい》）というネットワークがあり、申しこめば、無料でボランティアのガイドさんがその土地の観光地などを案内してくれるんです。あたりまえのように障害者《しょうがいしゃ》の旅行をサポートするボランティアがあることは、とてもうれしいことです。でも、一方で、有料のサービスがあってもいいと思います。利用する側が選択《せんたく》すればいいことですからね」

旅行する人が、自分のしたいことや行きたい場所などを伝え、「それならこんなものがありますよ」「こんな場所はどうですか」と教えてくれたり、道案内をしてくれたりするガイドサービスがあれば、障害《しょうがい》のある人にかぎらず、楽しい旅行ができるにちがいありません。

「少々のトラブルは楽しんでしまえ！」

服部《はっとり》さんがはじめて海外旅行に行ったのは、一九九三年十二月のことです。ホノルルマラソンに参加する友だちと連れ立って、アメリカ・ハワイに行きました。服部さんもマラソンに参加して、五キロメートルを走りました。

その次は、一九九五年に、世界中の図書館員が集まる国際《こくさい》図書館連盟《れんめい》（ＩＦＬＡ《イフラ》）の大会に参加するために、トルコを訪《おとず》れました。世界最古といわれる図書館跡《あと》が残る世界遺産《いさん》にも行きました。

どちらも、それなりに思い出深い旅となりましたが、ある不満が残ったと言います。

「そのころは、わたしは英語が苦手《にがて》でした。たまたまいっしょに旅をした人が、ある程度《ていど》英語が話せる人だったんです。常《つね》にその人を介《かい》してコミュニケーションをとっていたため、まるで自分が引きずられて旅行しているような気持ちになりました」

目が見えないなかで旅の楽しさを感じるには、その国の人と直接《ちょくせつ》コミュニケーションをとることが必要だということに、服部さんは気づきました。それから英会話教室に通い、必死に英語を勉強しました。片言《かたこと》でもいいから、現地《げんち》の人と直接《ちょくせつ》話してみたい――。

そして、心にくすぶっていた思いを、トルコの旅から二年後の、デンマーク・コペンハーゲンで開かれるＩＦＬＡ《イフラ》の大会に参加することでぶつけようと決意しました。

「デンマークへは一人で行こう。だれかといっしょでは、またその人に頼《たよ》ってしまう」

みなさんの中には、「目が見えないのに、知らない場所に一人で行くなんて、こわくないの?」と思う人もいるかもしれません。でも、目が見えていても、見えていなくても、「一人で旅行なんてできない」という人もいれば、一人旅が好きな人もいます。服部さんは、一人でもいろいろなところに行ってみたいと思い、あえて挑戦《ちょうせん》することにしたのです。

「危害《きがい》を加えられたり、命を落とすような危険《きけん》がないかぎり、『少々のトラブルは逆《ぎゃく》に楽しんでしまえ!』と思って行きました。思い切りのいい性格《せいかく》だからだと思いますが、大胆《だいたん》でしょうかね」

関西空港《かんさいくうこう》から飛行機で、十数時間をかけてコペンハーゲンに到着《とうちゃく》しました。はじめて訪《おとず》れる、未知の世界への一人旅。頼《たよ》れるのは手にした白杖《はくじょう》だけです。

服部さんは、スタートから予想外の孤軍奮闘《こぐんふんとう》を強《し》いられました。

「デンマークは福祉《ふくし》が進んだ国といわれていますから、人もみんな親切で、困《こま》ることなんかないだろうと、勝手に思いこんでいたんです」

しかし、実際《じっさい》には、デンマークも日本と同じでした。自分からコミュニケーションをとらなければ、助けてくれる人はいません。はじめての場所だし、まったく道がわからない状況《じょうきょう》でした。

それでも思い切ってまちに飛び出した服部さん。そんな服部さんを見つけた一人の男《だん》性《せい》が、声をかけてきました。

「デンマークははじめてかい？　案内してあげるよ」

その男性《だんせい》はとても親切な人で、片言《かたこと》の英語で行きたい場所を伝える服部さんをガイドしてくれました。あとで考えると、通りがかりに声をかけられた人についていくなんて、とても大胆《だいたん》な行動です。でも、その人のおかげで、有名なコペンハーゲンの市庁舎《しちょうしゃ》や、童話《どうわ》作家のアンデルセンの銅像《どうぞう》にも行け、それぞれをさわることもできました。

「地元の人と片言《かたこと》でもコミュニケーションをとったとき、ああ、今、旅してるんだなって思ったんです。そうすることではじめて、デンマークの空気や風、まちのにおいや音を、自然と感じることができたんです」

たとえうまくしゃべれなくても、体全体も使ってコミュニケーションをとれば、その国を感じることができる。服部さんが、旅行の楽しみにめざめた瞬間《しゅんかん》でした。

「でもね、この話には、ちょっとおまけがあるんです。というのも、どうもこの男性《だんせい》は、ホームレスの人だったようなんです」

観光の途中《とちゅう》、その男性《だんせい》が、のどがかわいたといってホテルのトイレで水を飲んできたり、自転車で横を通りすぎた現地《げんち》の中学生が、その男性《だんせい》を冷やかすような場面があったことなどから、気づいたことだそうです。

目が見えていたら、ひょっとしたらホームレスの人と知り合うことはなかったかもしれません。

服部さんにとってこの体験は、失敗談《しっぱいだん》でもこわい話でもなく、じつにおもしろい思い出として、心に残っています。はじめての一人旅の解放感《かいほうかん》で気持ちが大胆《だいたん》になっていたいます。

服部さんは、その人とコミュニケーションがとれたことが、なによりうれしかったと言います。

「目が見えていたらけっしてやらないようなことでも、見えないからあえてやろうと思うことがあります。見えないからこそ大胆《だいたん》にできてしまうことって、きっとあるんですね」

ハプニングがもたらした旅の達成感《たっせいかん》

たとえ風景が見えなくても、その国の人とコミュニケーションをとることで、十分に旅を楽しむことができる――。旅の楽しみを発見した服部《はっとり》さんは、再《ふたた》びヨーロッパを訪《おとず》れます。デンマーク旅行から一年後、オランダ・アムステルダムでIFLA《イフラ》の大会が開《かい》催《さい》されたときのことでした。

日本からの飛行機などの移動手段《いどうしゅだん》やホテルの予約は旅行会社に頼《たの》みましたが、デルフトという町の宿は、ファックスを使って自分で予約しました。現地の電車の時間も、『トマス・クック』という時刻表を使って調べました。

「デルフトはアムステルダムに近い町です。ヨハネス・フェルメールという十七世紀の画家ゆかりの地で、昔《むかし》ながらのオランダの雰囲気《ふんいき》が味わえる町だというので興味《きょうみ》をもったんです。デルフト陶器《とうき》という焼き物も有名なので、土産《みやげ》物屋めぐりも楽しそうだなと思って」

日本からイギリス・ロンドンまで飛行機で行き、そこから電車でドーバーという海辺の町に行きました。ドーバーから海峡《かいきょう》を渡《わた》るフェリーに乗り、三時間ほどでベルギーのオステンドという町に着きます。さらに電車でオランダのデルフトまで乗《の》り継《つ》ぐ計画です。

オステンドで電車に乗るときも、ベルギーのアントワープ駅で乗《の》り換《か》えるときも、全《ぜん》盲《もう》の服部さんを気づかって、乗務員《じょうむいん》が声をかけてくれていました。ところが、今度はなんの声もかけてきません。

ほとんど聞き取れないオランダ語のアナウンスを聞きながら、「ひょっとして乗り過《のす》ごしたかな」と思いながらも、じつは、服部さんは楽しんでいるのでした。

まちがえずにデルフトに到着《とうちゃく》したければ、隣《となり》の席の人に尋《たず》ねれば教えてくれたでしょう。ところが服部さんはそうはしなかったのです。というのも、ロンドンからこの電車に乗るまでが、あまりにも順調で、「ぜんぜんおもしろくなかった」からです。

ロンドンの地下鉄に乗ってから、イギリスの国鉄、ベルギーに渡《わた》るフェリー、そしてオステンドからこの電車まで、鉄道や船の乗務員《じょうむいん》が、まるでリレーのバトンのように、服部さんを安全に、しかも効率《こうりつ》よく運んでくれました。

これはとてもありがたいことなのですが、道中、ひそかにハプニングを期待していた

2004年、新婚《しんこん》旅行で訪《おとず》れたオランダ・エダムの公園で、のびのび。

エダムでの夕食。旅の楽しみのひとつは、やっぱり食事！

エダムの運河で。対岸の白い八角形の建物は、家の人がお茶を楽しむところだそうです。

服部さんは、少しものたりなさを感じていたのでした。そこで、この電車に最後まで乗ることにしたのです。

一人旅での、はじめての冒険《ぼうけん》です。

「大きなトラブルがあったら、それはそれで困《こま》ります。でも、旅って、あまりにも順調にいきすぎるとおもしろくない。わたしは、せっかく海外に来たんだから、日本にいたらありえないようなハプニングも体験したいと思うタイプなんです」

電車は、終点のアムステルダムまで行きました。アムステルダムからデルフトへは、簡単《かんたん》にもどれるかと思ったものの、そこからがまたたいへんでした。というのも、デルフトにもどる電車の乗り場を尋《たず》ねた人が、英語の得意な人ではなかったため、乗る電車がなかなかわかりませんでした。さらに、人が多かったり、日本のようにホームに点字ブロックがなかったりしてうまく歩くことができず、とても苦労《くろう》しました。

どうにかこうにか電車に乗り、ようやくデルフトに到着《とうちゃく》したのは、夕方かなり遅《おそ》くのことでした。しかし、「もう旅なんていやだ」と思うことはありませんでした。それどころか、ハプニングがあることで、旅がとても豊《ゆた》かなものになる、ということに、服部さんは気づいたのです。

「デルフトの駅に着いたそのとき、今まで感じたことがなかった達成感《たっせいかん》があったんです。すると、静《しず》かなまちの中で聞こえる人々の話し声や風の音、教会の鐘《かね》の音色《ねいろ》などが急にあざやかに感じられて、ああ、今、ヨーロッパにいるんだなと感動したんです」

服部さんにとっては、ハプニングが、旅を盛《も》り上《あ》げる大きな要素《ようそ》になっているのです。

みなさんは、旅行中にこんなトラブルにでくわしたら、どう思うでしょうか。

わたしたちはふだん、「障害《しょうがい》のある人は安心して外に出たいはずだ」とか、「いつも手助けを必要としているはずだ」と、思いこんではいないでしょうか。ましてや「トラブルが起こる可能性《かのうせい》の高い旅行なんて、行きたいとも思わないんじゃないか」と。

もちろん、点字ブロックや、交通機関のアナウンスなど、目が見えないという状態《じょうたい》に対する最低限《さいていげん》の配慮《はいりょ》は必要です。しかし、そこから先は、旅をする個人の考え方しだいなのではないでしょうか。目が見えても見えなくても、安心して予定に沿《そ》った旅をしたい人もいれば、旅にスリリングな体験を求める人もいる。ただそのちがいだけなのかもしれません。

ツアーでモンゴルへ。砂《さ》漠《ばく》・草原を感じる

一人旅の楽しさを満喫《まんきつ》した服部《はっとり》さんでしたが、自分一人では、ふらっと電車を降《お》りて、気ままに好きなところに行くということはできません。また、海外では、かならずしも日本のように、駅のまわりにバス乗り場やタクシー乗り場があり、人がおおぜいいて道を尋《たず》ねられる、というような環境《かんきょう》が整《ととの》っている国ばかりでもありません。行きたい場所への目印がなにもない、助けを求める人もいない、というのでは、ほんとうに困《こま》り果《は》ててしまいます。

「一人旅はたしかに楽しいけれど、時間的なロスもあるし、しんどいことも多い。それでしだいに、仲間といっしょに旅に行けたらいいな、と思うようになりました」

ちょうどそのころ、服部さんは仕事の上でのつまずきもあり、旅へ出てリフレッシュしたい気持ちでいっぱいだったと言います。

旅行会社のホームページでは、障害者専用《しょうがいしゃせんよう》のパックツアーも見つかります。とはいえ服部さんは、すべてが時間通りに滞《とどこお》りなく進むよう計画されているパックツアーには、参加したいとは思えませんでした。障害者《しょうがいしゃ》ということで必要以上に添乗員《てんじょういん》に気をつかわれたりするのもいやだったし、障害《しょうがい》のある人だけで行動するのは、なんとなく不自然な感じがしたからです。

そんなときに知ったのが、旅行会社「ベルテンポ・トラベル・アンドコンサルタンツ」（52ページ参照《さんしょう》）のツアーでした。予定がゆったりしているため、参加者の希望に合わせて日程変更《にっていへんこう》も可能《かのう》だし、「障害者専用《しょうがいしゃせんよう》ツアー」ではないところにも好感をもちました。

そのときのホームページには、モンゴルのツアーの募集《ぼしゅう》が載《の》っていました。

「モンゴルへは、さすがに一人では行けないし、この機会を逃《のが》したら、きっと行かないだろう」

そう思ったら、いても立ってもいられなくなり、さっそく申しこみました。そして、二〇〇〇年八月、服部さんはモンゴルへと旅立ちました。

首都ウランバートルから夜汽車《よぎしゃ》に揺《ゆ》られること十七時間ほどで、ゴビ砂漠《さばく》へ到着《とうちゃく》しました。そこで、服部さんは、生まれてはじめての砂漠《さばく》の世界を体験しました。添乗員《てんじょういん》さんには、出発時間を決めずに、好きなだけその場所にいてもいい、と言われました。

「砂漠《さばく》で聞こえるのは、風の音とハエのブンブンという小さな羽音だけなんです。ほかの音はすべて吸収《きゅうしゅう》されてしまう不思議《ふしぎ》な場所でした。大阪《おおさか》だと、どこでも車とか電車の音とか人の話し声がするけど、ここはもうほんとうに砂《すな》だけ。『ああ、これが砂漠《さばく》というものなんや』と思いました。

ラクダにも乗りました。でも、すごく乗り心地が悪くて、左右に揺《ゆ》られながら『昔《むかし》のキャラバンはこれでほんとうに砂漠《さばく》を旅したのかな』と思ったものでした」

一人旅では、目が見えていても見えなくても、危険《きけん》やトラブルが起こらないよう、緊《きん》張感《ちょうかん》をもって行動しなければなりません。モンゴルでは、ツアーの仲間といっしょだったぶん、視覚《しかく》以外の感覚を思い切り使って、広大な砂漠《さばく》の世界を体当たりで感じることができたのかもしれません。

「だだっ広《ぴろ》い草原にも行きましたよ。どこまで歩いても柵《さく》にたどり着かなくて、まるで終わりがないような草原なんです。芝生《しばふ》よりちょっと丈《たけ》の長い草が生えているだけで、なぜかバッタがたくさんいました。もう足元がバッタだらけ。わたしが近づいていくと羽音《はおと》が急に聞こえなくなって、通りすぎるとまたいっせいに羽音《はおと》を立てるんです。まるで海の波のようでした」

たとえ目で見ることができなくても、服部さんは音やにおい、そしてさわることによって、砂漠《さばく》の音も、草原のバッタも体験することができました。

旅のすばらしさは、観光地をただ見に行くことではなく、その道中でなにをどう感じ取ったかにこそあるでしょう。そして、それらがのちに、自分の財産《ざいさん》になりうるのかもしれません。

泳げなくて海がきらいダイビングに挑戦《ちょうせん》

服部《はっとり》さんはその後、同じ旅行会社のツアーで、フィリピンのリゾート地・エルニドに行き、生まれてはじめてダイビングを体験します。

「まさか自分がダイビングをやるとは思わなかったんです。なにしろ泳げなくて海がきらいだったから」

ツアーの参加者がみんなスクーバ・ダイビングをするというので、服部さんは海に入ること自体も何年かぶりでしたが「シュノーケル（水面に出した管で呼吸《こきゅう》しながら泳ぐ）ぐらいならいいかな」と思い、同行しました。

ところが、その場に行くと、服部さんも空気の入ったタンクを背負《せお》わされました。インストラクターの「ノープロブレム（だいじょうぶ）」という言葉につられているうち、だんだん深い場所に連れていかれました。

「海に潜《もぐ》ってしまってからは、息ができるのでこわくはなかったんです。エルニドという島自体にも、大胆《だいたん》になれる雰囲気《ふんいき》があったのかもしれません。すごく時間の流れがゆったりしていてね」

浮《う》き輪《わ》を付けても沈《しず》むほどだったという服部さんは、マスクとフィン（足ひれ）を付けていれば、重いタンクを背負《せお》っていても浮《う》く、という感覚にびっくりしたそうです。自分の呼吸《こきゅう》する音と、泡《あわ》が出る音だけが聞こえるなか、自分の体が浮《う》いているというはじめての感覚に酔《よ》いしれました。

この体験で病《や》みつきになり、服部さんはその後、積極的《せっきょくてき》にダイビングへ行くようになります。

「今ではその土地ごとの海の印象《いんしょう》のちがいを楽しむまでになりました。魚にパンをあげたりもしたし、海草やウニ、イソギンチャクでもなんでも、さわれるものはさわりますよ。珊瑚礁《さんごしょう》もね。あれはけっこう指に刺《さ》さったりして、痛《いた》いんです」

手のこんだ手口のスリにも遭遇《そうぐう》

旅行では、楽しいことばかりではありません。目が不自由な人をねらった犯罪《はんざい》も、ないとはかぎりません。実際《じっさい》に、服部《はっとり》さんもいくつかのこわい出来事に遭遇《そうぐう》しています。

その一つは、モンゴルに行ったときのことです。

服部さんは、地元の人たちが出かけるナイトマーケットに行きたいと思い、ガイドさんに連れていってほしいと頼《たの》みました。そのとき、地元のガイドさんは、マーケットの周辺は、治安《ちあん》がよくないからやめたほうがいいと言ったそうです。それでも服部さんはどうしても行きたいと思い、結局、連れていってもらうことになりました。

「マーケットを楽しんでいる最中に、ガイドさんの予想通りのことが起きました。背《はい》後《ご》から、いきなりスリに抱《だ》きつかれたんです。財布《さいふ》を取られなかったのが不幸中《ふこうちゅう》の幸《さいわ》いでした。やっぱり地元のガイドの忠告《ちゅうこく》は守るべきだと思いました」

海外に行くと、人の身なりやまちの雰囲気《ふんいき》で、この通りは危険《きけん》だな、と一瞬《いっしゅん》にして察《さっ》知《ち》できることがあります。ゴミが散乱《さんらん》していたり、人の目つきがちがっていたりという情報《じょうほう》は、目で得ることがもっとも大きいですから、全盲《ぜんもう》の人が気づくことがむずかしいものの一つでしょう。これは目が見えていても同じことですが、やはり海外ではじめて行く場所は、地元のガイドさんやホテルの人の忠告《ちゅうこく》を聞くべきなのでしょう。

もう一つは、服部さんが新婚《しんこん》旅行に行ったときの出来事です。

オランダのアムステルダム駅で、電車に乗る前に、服部さんはトイレに行きました。男子トイレの外から見ていた奥《おく》さんの話によれば、トイレへ向かった服部さんの背後《はいご》に、突然《とつぜん》あやしい男二人が現《あらわ》れ、トイレのドアの前までついていきました。そして、服部さんが出てくるのを、ドア付近で待っているような状況《じょうきょう》だったそうです。

「トイレから出ようとドアを開けたとき、コインがころころと落ちてきました。その音にわたしが注意を払《はら》っているあいだに、かばんを開けて財布《さいふ》を取るという手法だったんですね。ずっと見張《みは》っていた妻《つま》が助けてくれたので被害《ひがい》はありませんでしたが、あとで確認《かくにん》すると、やはりかばんが開いていました。ほんとうにこわい体験でした」

まれにこんな犯罪《はんざい》に出くわすことはあっても、旅で出会うほとんどの人は、好意的で親切な人です。

目が見えないと不安なこともあるけれど、それを超《こ》える楽しさや喜び、発見がある。だから服部さんは旅を続けるのだと言います。

小学校二年生で「登校拒否《きょひ》」卒《そつ》業《ぎょう》まで「引きこもり」

これまでの話を読んだみなさんの中には、「服部《はっとり》さんはきっと、全盲《ぜんもう》であるにもかかわらず、明るくて、一人旅も楽しめる、特別《とくべつ》な人なんだな」と思った人もいるかもしれません。服部さんは、いったいどんな子ども時代をすごしたのでしょうか。

服部さんの目の症状《しょうじょう》は、小学校二年生ごろから現《あらわ》れました。

だんだんと視力《しりょく》が低下していき、授業中《じゅぎょうちゅう》、黒板の字が二重に見えるようになりました。

もともと、今でいう花粉症《かふんしょう》のような症状《しょうじょう》で目の治療《ちりょう》はしていたのですが、診断《しんだん》結果は緑《りょく》内障《ないしょう》でした。緑内障《りょくないしょう》は眼圧《がんあつ》（眼球《がんきゅう》の中の液体《えきたい》の圧力《あつりょく》）が上がって、失明《しつめい》することもある病気です。手術《しゅじゅつ》をしても治《なお》らないだろうということで、週に一、二日、学校を休んで病院へ通い、薬による治療《ちりょう》を続けました。

「学校を休んだら、どうしても勉強が遅《おく》れますよね。実際《じっさい》にはたいしたことはなかったと思うんですけど、子どもにしてみたらすごく不安だったのでしょう。今でいう『登校拒否《きょひ》』になったんです。目はまだ少し見えていたけど、二年生の後半は、もうほとんど学校へ行きませんでした」

三年生になっても、まったく学校に行くことはなく、「引きこもり状態《じょうたい》」になりました。当時は「引きこもり」や「登校拒否《きょひ》」という言葉自体がなかった時代です。学校に行かないまま、学年だけ上がっていきました。そのうちにも、目の症状《しょうじょう》は進み、視野《しや》はどんどん狭《せま》くなっていきました。一人で歩けば電柱に頭をぶつけ、凧揚《たこあ》げをすれば壁《かべ》に思い切りぶつかるようになって、服部さんは、外に出るのがこわくなってしまいました。

学校にも行きたくない、外にも一歩も出ることができない——。そう聞くと、絶望的《ぜつぼうてき》な感じがします。しかし、当時の服部さんには、それほどの苦しさや悲壮感《ひそうかん》はなかったといいます。

「子どもだったから、学校に行っていないという引け目がなかったんだと思います。ただ、目が見えないから外に出るのはこわい。外に出ないことは、よくないことだとは思わなかったというのが、素直《すなお》な気持ちでした」

家で、テレビを見たりラジオを聞いたりしてすごしたそうですが、あまりにも毎日に変化がなかったために、そのころの記憶《きおく》はあまり残っていないと言います。「むしろ自分より親のほうがしんどかっただろうと思う」と、当時をふり返ります。

小学校には通わないまま卒業《そつぎょう》し、中学校に入学するのと同時に、服部さんは完全に視《し》力《りょく》を失いました。登校しない服部さんを心配した先生が、家まで訪《たず》ねてきてくれるようになったのはこのころでした。先生が来てくれたことで、じょじょに外とのつながりができ、たまに学校へ行ったり、同級生が家に来てくれたりするようになりました。

でも、高校受験をひかえ、このまま中学校に在籍《ざいせき》していても、短期間で小学校からの学力を取《と》りもどすことはできません。そこで、卒業《そつぎょう》する前に、盲学校《もうがっこう》に転校することになりました。三年遅《おく》れで中学一年生に編入《へんにゅう》し、猛《もう》スピードで小学校からの勉強を、一からやり直していきました。一クラス四人の少人数のクラスで、きめ細かく勉強を教えてもらうことができ、高校まで同じ盲学校《もうがっこう》ですごしました。

その後、点字の問題集を使ったり、図書館の対面朗読《ろうどく》サービスで参考書を読んでもらうことで受験勉強をし、点字で大学入試を受け、合格《ごうかく》しました。

人間関係に悩《なや》んだ大学時代図書館員になるために運動

ところが、大学に入学してから、服部《はっとり》さんは大きな壁《かべ》にぶちあたりました。

「人間関係がうまくつくれなくて苦しみました。同世代の人たちの感性《かんせい》に、ついていけなかったんです」

七年あまりの「引きこもり生活」に続いて、自分と同じ視覚障害《しかくしょうがい》のある友だちばかりの学校で六年間をすごしてきた服部さん。大学の同級生たちと、話題や感性《かんせい》がまったくちがうのは、無理もないことでした。

「一般《いっぱん》社会とは隔絶《かくぜつ》されていたんだな、と、このとき思い知らされました」

同級生とはあまり会話もできず、服部さんは孤立《こりつ》することもありました。入学後すぐに入った点訳《てんやく》（本などの文字を点字に訳《やく》す）サークルの仲間たちとも、何度も衝突《しょうとつ》しました。全盲《ぜんもう》の服部さんと、目の見えるサークル仲間たちとでは、点字や障害《しょうがい》に対する価《か》値観《ちかん》がちがったからです。

しかも、故郷《こきょう》の大阪《おおさか》を離《はな》れ、京都《きょうと》での下宿生活。なにもかも新しいことずくめの生活は、それまでの人生でもっともたいへんな時代でした。

ただ、たいへんだからといって、服部さんは再《ふたた》び引きこもりの生活にもどることはありませんでした。日ごろよく利用していた、図書館で仕事をしたいという夢《ゆめ》ができたからです。

「社会のために自分はなにができるかと考えたとき、いちばんよく利用していた図書館を真っ先に思《おも》い描《えが》きました。大学受験も、図書館の対面朗読《ろうどく》サービスがあったからこそ、かなったものでしたから」

全国的にみても、当時すでに図書館で働いている全盲《ぜんもう》の人が何人かいました。服部さんは、その人たちのもとへ出向き、直接《ちょくせつ》話を聞いて、仕事のイメージトレーニングを行ったと言います。

しかし当時、服部さんの地元の大阪《おおさか》府枚方《ひらかた》市では、市の職員《しょくいん》の採用《さいよう》試験《しけん》で点字受験は認《みと》められていませんでした。なんとか点字受験を認《みと》めてもらおうと、サークル仲間のサポートを受けて、市に対して働きかけを始めることにしました。

「その運動を通して、サークルの仲間と仲を深めていくことができたんです。全盲《ぜんもう》でも図書館で仕事がしたいということを、当事者である自分が自己《じこ》主張《しゅちょう》をしなければ、思いは伝わらない。ほかの人じゃだめなんだよ、と仲間に勇気づけられました」

服部さんは、市の職員《しょくいん》などとの話し合いを続け、要望を出してから約二年半後の一九八九年六月、点字受験が認《みと》められ、図書館員採用試験《さいようしけん》に合格《ごうかく》したのです。

一人旅の経験《けいけん》がくれた宝物《たからもの》

「大学での挫折《ざせつ》を乗《の》り越《こ》えたり、点字受験を求める運動をしたり、一人旅に行ったり。小さいころ引きこもっていたころを思うと、ずいぶん変わったものですね」

自分のこれまでの人生をふり返りながら、服部《はっとり》さんは、自分自身が発揮《はっき》したそのときどきのエネルギーに、あらためてびっくりしたと笑顔《えがお》で語ります。

当時はサポートしてくれていると意識《いしき》はしていなかったけれど、ふり返ると、服部さんのまわりには、いつも助けてくれる人がいました。親、仲間、先輩《せんぱい》……。

「一人旅のように、なにかを一人でやりとげることも、ときには必要です。でも、一人でやれることはかぎられています。いっしょにやっていける人がいることは、プラスα《アルファ》の力が出てくるということを、今は実感しています。

あとは、思い立ったら最後までやりとげたいという性格《せいかく》。それがいつも、わたしをささえてきたんでしょうね」

服部さんは、挫折《ざせつ》を経験《けいけん》しているからこそ、なんらかの理由で消極的《しょうきょくてき》になってしまう障害者《しょうがいしゃ》の気持ちもわかる、と言います。

「消極的《しょうきょくてき》になってしまうかどうかは、自分も紙一重《かみひとえ》。たとえば、自分は視覚障害《しかくしょうがい》とはつきあいが長いですが、もし、今後またちがう障害《しょうがい》が出たら、今までの性格《せいかく》とスタイルで生きられるのかどうかわからないし」

障害《しょうがい》がハンディとしてとらえられている現状《げんじょう》では、ついついうしろ向きになってしまうのが、ひょっとしたら自然な姿《すがた》なのかもしれないと、服部さんも不安を抱《いだ》くことがあります。それでも、服部さんは毎日を楽しくすごしたいと願っています。

服部さんは障害《しょうがい》を抱《かか》えながらも、その障害《しょうがい》とうまくつきあいながら、自分らしさを見つけ、自分らしく生きることを心がけています。旅についても同じ姿勢《しせい》です。

この「自分らしさを見つけ、自分らしく生きる」ということは、障害《しょうがい》のある人にもない人にも同じようにできることです。シンプルなようでいて、じつはとても難《むずか》しいことに、服部さんは気づかせてくれます。

「見知らぬ外国の町で一人きりになって、自分のことを考え、別な自分を発見し、それまで自分をささえてきてくれた人と、自分が生きている日本の社会が、とても大事なものだということに、あらためて気づきました」

それが、一人旅の経験《けいけん》がくれた一番の宝物《たからもの》だと服部さんは言いました。

行きたい気持ちの背中《せなか》を押《お》して

高齢者《こうれいしゃ》や障害者《しょうがいしゃ》の旅をつくる

みなさんの学校の修学《しゅうがく》旅行は、どこへ行きますか？京都《きょうと》へ行くという学校もあると思います。たとえば、こんな日程《にってい》ではないでしょうか。朝早くに駅に集合し、まず全員の人数確認《かくにん》。京都《きょうと》に着いたら再《ふたた》び人数を確《たし》かめ、今度はグループごとに行動。清水寺《きよみずでら》や金閣寺《きんかくじ》、龍安寺《りょうあんじ》などの有名なお寺から、哲学《てつがく》の道、舞《まい》妓《こ》さんのいる祇園《ぎおん》などの観光スポットを、五つも六つもまわる。

「いそがないと、金閣寺《きんかくじ》の拝観《はいかん》時間が終わっちゃう」

「○○くん、寄《よ》り道《みち》はダメ！」

あっという間に日も暮《く》れてきます。集合時間に遅《おく》れないよう急いで宿《やど》へ向かい、またまた人数確認《かくにん》、あわただしく入浴《にゅうよく》、みんなが同じメニューの夕食。

あわただしいパックツアー。ほんとうの旅の楽しみって？

仲よしのグループで好きな観光スポットを回る修学《しゅうがく》旅行は、それだけで楽しいかもしれません。とはいえ、日程《にってい》を見てみると、なんてあわただしいのだろうと思いませんか？
修学《しゅうがく》旅行ばかりではなく、新聞の広告や、旅行代理店の店先に置いてあるパンフレットをちょっと見てみれば、旅行会社が企画《きかく》するパックツアーも、短い日程《にってい》でたくさんの観光スポットを回るタイプのものがほとんどです。

大人数でバスを借りれば、安い料金で、かぎられた時間内により多くの観光スポットを回ることができます。そこがお徳《とく》だということで、人気もあります。でも、短時間に多くのスポットを詰《つ》めこめば、一つの場所を楽しむ時間は、当然短くなります。しかも、多くのツアー客といっしょに回るのですから、「ぼくはもっとここを見たいから、先に行ってて」などという単独《たんどく》行動は許《ゆる》されません。集合時間に遅《おく》れようものなら、ほかのお客も大騒《おおさわ》ぎ。「時間を守ってください」と、添乗員《てんじょういん》さんに叱《しか》られます。

さて、ここでちょっと考えてみてください。そもそも旅行の楽しみとはなんなのか、ということを。添乗員《てんじょういん》さんの言う集合時間をきっちり守って、スタンプラリーのように、できるだけ多くの観光スポットを回る。それが旅行の楽しみなのでしょうか？

「いたい場所にいたいだけ」いったいどんなツアー？

自分で計画を立てて旅行に行くのはめんどうだけど、団体行動であわただしいパックツアーもいやだな、と思う人も多いと思います。ゆっくりと、好きな場所を満足するまで見ていてもいい。自由にほうっておいてくれて、困《こま》ったときには助けてくれる、心強い添乗員《てんじょういん》さんがいる。そんなツアーがあったら、参加してみたくなりませんか？

そんな旅人の願いを実現《じつげん》している小さな旅行会社があります。東京《とうきょう》・八丁堀《はっちょうぼり》にある「ベルテンポ・トラベル・アンドコンサルタンツ」。第一章で、全盲《ぜんもう》の服部敦司《はっとりあつし》さんがモンゴルに旅行したとき（32ページ参照《さんしょう》）の旅行会社です。スタッフはわずかに三人。ツアーの企画《きかく》から、旅の添乗《てんじょう》までをおもに行っているのは、社長の高萩徳宗《たかはぎのりとし》さんです。

多くの旅行代理店のように、一般《いっぱん》の参加者を募集《ぼしゅう》して行うパックツアーではなく、「ベルテンポ」の会員になった人が参加する、少人数の旅をつくっています。障害《しょうがい》のある人や高齢《こうれい》の人も多く参加しています。

高萩さんのツアーでは、けっしてお客さんを急がせようとしません。集合時間も決まっていなければ、人数確認《かくにん》も行いません。

「ベルテンポの旅では、『いたい場所にいたいだけいてください』と、お客様にお願いしています。みなさんが『もう十分に見たから次へ行きたい』と動き始めたときに、その場所の観光が終わるのです」

お客さんは、もっとこの場所にいたいのか、トイレはだいじょうぶか、おなかはすいていないだろうか……。ツアー中の高萩さんは、優《やさ》しいまなざしで、お客さんのうしろにじっと立っています。

お客さんを監視《かんし》して、予定通り、時間通りに行動してもらうためではありません。今、お客さんが求めていることを察知《さっち》しながら、時には予定を変更《へんこう》し、しかも旅行を安全に進めていくのが高萩さんの仕事なのです。

「お客さまがリラックスして、『そういえば旅行中、一回も時計を見なかった』と言っていただけるような旅を提供《ていきょう》できればと思っています」

高萩さんはなぜ、このような旅を企画《きかく》するようになったのでしょうか。

以前、日本の大手旅行会社に勤務《きんむ》していた高萩さんは、なんでも詰《つ》めこんで忙《いそが》しいツアーのあり方に、大きな疑問《ぎもん》をもっていました。旅行会社に勤務《きんむ》する前に、カナダで二年ほどツアーガイドを務《つと》めたときに、ゆったりしたスタイルのツアーがあってもよいのだと気づいたと言います。

「訪《おとず》れた土地をほんとうに好きになってもらうために、じっくりと腰《こし》を落ち着けて、その場所が、まるで第二のふるさとだと思えるような旅行をしてほしいと願っているんです」

いっしょに旅行をした人たちと、その土地の空気や食べ物を味わい、現地《げんち》の人とのコミュニケーションを楽しむ。あちこちの観光名所をあわただしく見て回るよりも、それこそが旅なのではないか、と高萩さんは言います。

旅行に行けるかどうかがまず不安な人たちに

ベルテンポのお客さんは、高齢《こうれい》の人や、杖《つえ》をついている人、車いすに乗っていたり、弱視《じゃくし》であったりする人が大多数です。じつは、そのうちの多くの人が、大きな旅行会社のツアーを申しこんだときに、障害《しょうがい》を理由に断《ことわ》られた経験《けいけん》をもっているそうです。

みなさんが旅行会社に問い合わせの電話をするときは、たとえば「北海道《ほっかいどう》に行きたいんですけど」と、行きたい場所を伝えるのがふつうでしょう。ところが、ベルテンポには、障害《しょうがい》のある人やその家族から、まずこんなふうに電話がかかってきます。

「うちの主人は、三年前に脳梗塞《のうこうそく》で倒《たお》れて車いすの生活なんですが、わたしたちでも旅行に行けるところはあるんでしょうか」

行きたい場所ではなく、最初に旅行する人の体の状態《じょうたい》を言う、というのです。

「障害《しょうがい》のあるみなさんは、旅行に行けるかどうかわからない、というのがスタート地点なんです。しかも、行けるのであればどこでもいい、というぐらい、マイナスの地点から始まっているんです。旅行会社に最初に電話するのにしたって、どれほど勇気がいることでしょう。何度か断《ことわ》られたりしたら、もう旅行なんていいや、と思って当然です」と、高萩《たかはぎ》さんは話します。

ベルテンポでは、「自分はほんとうに旅行に行けるのだろうか」という不安を少しでも取りのぞくため、旅行前に徹底的《てっていてき》なリサーチを行っています。好きな食べ物、食べられない食べ物、体力、健康面、他人には言いづらいトイレの問題などもふくめて、三十六項目《こうもく》にものぼる内容《ないよう》について、事前に問い合わせて、旅のカルテをつくるのです。

高萩さんは、必要であれば、旅行前にお客さんの自宅《じたく》まで出向き、より細やかなリサーチを行うことで、お客さんの不安をとりのぞいていきます。これらのことを通して、旅行前からお客さんとの信頼《しんらい》関係を築《きず》くことを大切にしているのです。

そうしてお客さんから聞いた情報《じょうほう》はパソコンにまとめて、あらためて確認《かくにん》すべきポイントをチェックします。これらの情報《じょうほう》は、宿泊先《しゅくはくさき》にも提供《ていきょう》して、宿《やど》のスタッフにも協力を求めます。

「準備《じゅんび》の段階《だんかい》でどれだけお客様のことを知って、旅行にどんなことを求めているのかを聞き出します。そのコミュニケーションさえとれれば、そのお客様との旅は、半分以上成功《せいこう》したようなものです。旅は現場《げんば》だけで完結するものではないのです」

事前の準備《じゅんび》が大切。旅行中に予定を変更《へんこう》することも

旅の準備《じゅんび》がまず大切だという高萩《たかはぎ》さん。必要なのは、旅行する人の準備《じゅんび》だけではありません。お客さんの障害《しょうがい》が重度だったり、高萩さん自身も行ったことのない土地へ旅行する場合には、事前にその場所へ行き、リサーチを行うことも少なくありません。

まずはバスで回る予定エリアのトイレを確認《かくにん》します。「下見《したみ》はトイレに始まりトイレに終わる」というほどに、トイレは旅行での最重要《さいじゅうよう》ポイントだと高萩さんは言います。

みなさんも、旅行中にトイレをがまんした経験《けいけん》があるかもしれません。とくに高齢者《こうれいしゃ》や特定《とくてい》の障害《しょうがい》のある人にとっては、頻繁《ひんぱん》にトイレ休憩《きゅうけい》をとる必要があるからです。トイレがあっても、大きさによっては、車いすでは入れない場合があります。そこで、下見《したみ》のときにメジャーでサイズを測《はか》ることもあります。同じように観光スポットの階段《かいだん》や段差《だんさ》も測《はか》り、足が不自由でも歩くことができるのかを念入《ねんい》りにチェックします。

また、お客さんから要望があれば、ツアー中でも予定を変更《へんこう》します。何日か旅行をしていれば、疲《つか》れたからホテルでゆっくりしたいという人、まだまだ山歩きをしたいという人なども出てきます。その場合はいくつかのグループに分けて行動することもあります。旅行会社の都合《つごう》ではなく、お客さんの希望で、旅の予定を決めるのです。

高萩さんは、大手の旅行会社に勤《つと》めていたときは、ツアーを企画《きかく》する部署《ぶしょ》にいて、添《てん》乗員《じょういん》の仕事をしませんでした。そのため、「添乗員《てんじょういん》さんの標準《ひょうじゅん》スタイルをよく知らず、先入観《せんにゅうかん》なくやっているから」そうした配慮《はいりょ》ができる、と言いますが、理由はそれだけではありません。

屋久島《やくしま》のツアー（67ページ参照《さんしょう》）で、鹿児《かご》島《しま》・屋久島《やくしま》間に利用する飛行機。

飛行機のタラップ。杖《つえ》をついているお客さんもいるので、下見ではメジャーで段差《だんさ》を測《はか》りました。

車いすを飛行機に乗せるためのリフト。機内では持参した車いすは預《あず》け、座席《ざせき》に座《すわ》ります。

島内のトイレも、もちろん下見し、入り口や個室《こしつ》のサイズなども測《はか》っておきます。

「時間についてとやかく言うよりも、まず人間対人間なのだから、心が通じ合っていることが基本《きほん》だと思うんですよ。それに、旅はみんなが同じ方向を向いていないとうまくいかない。お客さんが滝《たき》を見ていたら、わたしも滝《たき》を見て『きれいですね』っていうように、同じ価値観《かちかん》を共有することが大事ですよね」

高萩さんにとっては、お客さんといっしょにいる時間が貴重《きちょう》だから、お客さんには十分に楽しんでほしいと願っています。「添乗員《てんじょういん》さん」とよばれるのがあまり好きではないのは、同じ人として、お客さんと同じ目線に立って、旅のお手伝いをしたいからです。

旅行中になにを見ているかと聞かれれば、真っ先に「お客さまの表情《ひょうじょう》を見ている」と答える高萩さん。添乗員《てんじょういん》がカリカリしたり、眉間《みけん》にしわを寄《よ》せていたりすると、お客さんはくつろげないで構《かま》えてしまうのだそうです。すると、バスの中が緊張状態《きんちょうじょうたい》となり、かえって事故《じこ》やケガが起きやすくなります。杖《つえ》をついていたり、車いすを使っているお客さんがいるときには、いつも以上に緊張《きんちょう》して、お客さんの状態《じょうたい》を見ているそうです。

「ひとりじめ」はもったいない
旅行会社に就職《しゅうしょく》

高萩《たかはぎ》さんは、なぜこんなにたいへんで手間のかかる仕事を選んだのでしょうか。

一九六四年生まれの高萩さんが小さいころ、家計に余裕《よゆう》はなく、旅行らしい旅行には行けませんでした。そのかわり、休日に、母親が近所の川の鉄橋に連れていってくれたそうです。

「土手で、朝から晩《ばん》までずーっと汽車を見てるだけなんです。でも、あれがたぶんわたしにとって、生まれてはじめての旅だと思います。ただ見てるだけなんですけど、いつかあの電車に乗りたいな、って空想してました。小学生のときのことです」

やがて高校生になると、一人旅が好きになりました。一人で汽車に乗ってどこかへ。

「そのころからわたしは、目的をもってどこかに行くというよりも、日常《にちじょう》でない空間の中に自分を置いて、電車に揺《ゆ》られているのが好きだったんです」

一人旅を重ねるうちに、自分が見た風景や出会った人たちを、ひとりじめするのはもったいない、だれか別の人にも見せてあげたいと思うようになり、まず鉄道会社に就職《しゅうしょく》し、カナダでのツアーガイドをへて、大手の旅行会社に就職《しゅうしょく》します。

入社すると、ツアー商品の企画《きかく》の仕事を任《まか》されました。充実《じゅうじつ》した毎日でしたが、あるときから、障害者《しょうがいしゃ》の旅行のあり方に、大きな疑問《ぎもん》を抱《いだ》くようになります。

「その当時は、障害《しょうがい》のある人から旅行したいと問い合わせがあっても、会社では門前《もんぜん》払《ばら》いをしていたんです。そもそも障害《しょうがい》がある人が旅行するなんてことを、会社側が想定《そうてい》していなかった。わたしは、別に善意《ぜんい》とか良心《りょうしん》とかではなく、率直《そっちょく》に人間として、『それっておかしいんじゃないの？』と思いました」

高萩さんは、もともと障害《しょうがい》について勉強していたり、ボランティア活動をしていたりということはなく、むしろ福祉《ふくし》に興味《きょうみ》はなかったそうです。でも、旅行でごはんを食べさせてもらっている会社が、まるで裁判官《さいばんかん》のように、あなたはダメとか、あなたは旅行できますとか、そんなことを決めるのはおかしいと感じました。そもそも、パックツアーといわれるものが、忙《いそが》しい日程《にってい》をこなせる、元気な人だけのためにつくられていることにも、疑問《ぎもん》を感じていました。

その当時、障害者《しょうがいしゃ》のツアーを企画《きかく》する旅行会社は、まだありませんでした。会社ではこの疑問《ぎもん》を解決《かいけつ》できないと思った高萩さんが調べてみると、あるボランティアグループに行き当たりました。障害《しょうがい》のある人もない人もいっしょに旅行をしようと、障害《しょうがい》のある人の旅の介助《かいじょ》などを行っているグループでした。高萩さんは、まずは旅行の介助者《かいじょしゃ》としてグループの活動に参加して、生まれてはじめて車いすにさわりました。

「子どものような好奇心《こうきしん》で、車いすの動かし方も、立てない人の気持ちも、ご本人に率直《そっちょく》に聞いてみました。障害《しょうがい》のある人は、どういう気持ちで日々すごしているのかなと考えながら、旅行のサポートをしていたんです」

旅行していくうちに、高萩さんはあることに気づきました。それは、障害《しょうがい》のある人は、「旅行に行けなくてかわいそう」などと思ってほしいのではなく、お金を払《はら》ってふつうに旅行に行くチャンスがほしいだけなのだということでした。

「障害《しょうがい》のある人を手助けしようとかではなくて、ふつうのサービス業としてお金をいただいて、彼《かれ》らが旅行に行くときに生じる、さまざまな不都合《ふつごう》を取りのぞく。これはサービスであって、福祉《ふくし》じゃない、ということに気づいたのです」

その後、会社で障害者《しょうがいしゃ》のためのツアー企画《きかく》も立てましたが、当時の旅行会社にとっては異例《いれい》とも言えることで、ほとんど受け入れてもらえませんでした。それなら自分でやるのがいちばん近道だと、バリアフリー旅行を企画《きかく》する旅行会社・ベルテンポをつくったのが、一九九九年のことでした。

「バリアフリー」ではなく旅を楽しむ気持ちを手伝う

「最初に会社をつくったときは、障害《しょうがい》のある人と、ほんとうに旅行ができたら楽しいな、ぐらいの軽い気持ちだったことは、まちがいないですね」
高萩《たかはぎ》さんは、ボランティアグループに参加していたとはいえ、会社をつくった当時はわからないことだらけでした。バリアフリーの旅行会社というのは、障害者用《しょうがいしゃよう》のトイレの場所を調べておくとか、リフトの付いた車両やホテルのハンディキャップルームを手配することなどが仕事だと思っていました。しかし、そう考えていると、障害《しょうがい》のある人が旅行に行ける場所は、設備《せつび》の整《ととの》ったところにかぎられてしまいます。

「たしかにバリアフリーに配慮《はいりょ》することも大事です。でも、それは問題の本質《ほんしつ》ではなかったんです。お客様が旅行を楽しみたいと思っている。その気持ちのお手伝いをすることが、わたしたちの仕事なんだということが、だんだんとわかってきました」

最初は、お客さんの希望があっても、段差《だんさ》のある場所には旅行できないと思いこんでしまっていました。しかし、同じ車いすを利用している人でも、段差《だんさ》がだめな人ばかりではないし、段差《だんさ》があってもそこをなんとかクリアすれば、前へ進むことができます。目に見えるバリアがあるのなら、それを取りのぞけばよいのです。

そうやって仕事を進めていると、じつはいちばん大きなバリアは、目に見えないものだということに、高萩さんは気づきました。

「いちばん大きなバリアは、お客様の心の中にあるんです。段差《だんさ》が悪いんじゃなくて、『自分は障害《しょうがい》があるからもう旅行に行けない』ってあきらめている。そのことがいちばん大きなバリアなんだ、ということに気づいたんです」

自分の旅行会社がお客さんに提供《ていきょう》すべきなのは、「障害《しょうがい》があっても旅行に行けるんですよ」という言葉と、適切《てきせつ》な情報《じょうほう》だということに気づいた高萩さん。たとえば、同じような障害《しょうがい》のある人の旅行体験を教えてあげれば、自分にも行けるのかな、と勇気がわいてきます。実際《じっさい》に旅に出かけることだけでなく、こんなふうに、お客さんが旅を楽しむためのプロセスのほうが大事だということを、高萩さんは見つけていったのです。

「今まで旅に行こうと思えなかった人に、行ってみようと思ってもらうこと。それがわたしの会社の存在意義《そんざいいぎ》だと思っています。不安を消したり、勇気づけたりしながら、最初の旅へのチャレンジをサポートすることが、いちばん大事な仕事だと思うんです。

今では、ベルテンポは障害者専門《しょうがいしゃせんもん》のバリアフリーな旅をつくる旅行会社ではありません。旅を通じて、お客様の笑顔《えがお》と元気を創造《そうぞう》する旅行会社なんです」

車いすから立ち上がった！旅の力・人間の力

高萩《たかはぎ》さんはこれまでにたくさんの人の旅へのチャレンジをサポートしてきました。

ベルテンポは会員制《かいいんせい》の旅行会社なので、アンケートを行って行きたいところをつのり、ツアーを組んでいきます。その結果、二〇〇七年の断《だん》トツナンバーワンは鹿児島《かごしま》県の屋《や》久島《くしま》でした。とはいえ、屋久島《やくしま》といえば、世界遺産《いさん》となっているし、島中がけわしい山や森ばかり。とても体が不自由な人たちが行ける場所だとは思えません。

「でも、実際《じっさい》、飛行機に乗れば、どなたでも屋久島《やくしま》に行くことはできますよね。山奥《やまおく》の縄文杉《じょうもんすぎ》を歩いて見に行けなくても、屋久島《やくしま》の空気を吸《す》い、地元の人と話したりできます。そういう体験すべてが、旅だと思うんです」

二〇〇七年だけで、計五回、のべ百二十人ぐらいのお客さんと屋久島《やくしま》に行ったという高萩さん。その中で、いっしょに旅行をしてもっとも印象的《いんしょうてき》だったのが、大阪《おおさか》の建具《たてぐ》職人《しょくにん》のご家族です。その職人《しょくにん》さんは、六十歳《さい》をすぎたころ、大好きだったお酒とタバコのせいもあったのか、脳梗塞《のうこうそく》を起こし、手足が不自由になって車いすの生活になりました。仕事の現場《げんば》に出られなくなってからは、すっかりふさぎこんでいたそうです。そんなとき、その娘《むすめ》さんが高萩さんの会社を知り、お父さんに旅行の提案《ていあん》をしたのです。

「お父さんも、屋久島《やくしま》に行けるみたいよ」

建具職人《たてぐしょくにん》の仕事は、杉《すぎ》などの木をあつかいます。娘《むすめ》さんは、「屋久島《やくしま》で、お父さんになじみのある杉《すぎ》の木を見せれば、きっと自信を取りもどしてくれるにちがいない」と思ったのです。娘《むすめ》さんはお父さんにパンフレットをそっと手渡《てわた》しました。しかし、頑固《がんこ》なお父さんは、娘《むすめ》さんが説得しても、話を聞こうともしませんでした。あきらめきれない娘《むすめ》さんは「家族以外の人の力を借りよう」と、高萩さんに連絡《れんらく》をとりました。そして、高萩さんが屋久島《やくしま》の旅の説明をするために、自宅《じたく》まで訪《たず》ねていきました。

高萩さんの話に、しばらく考えこんでいたお父さんでしたが、そこまでしてもらったのだからと、観念《かんねん》したように「行く」と一言。旅行に行くために、大好きだったお酒もやめて、まじめにリハビリに取り組むようになりました。しかし、長い車いす生活で筋《きん》肉《にく》が弱っていたため、旅行を目前に、ほとんど立ち上がれないような状《じょう》態《たい》でした。

ところが、屋久島《やくしま》に着いた直後、びっくりするようなことが起こりました。空港からバスに乗り、娘《むすめ》さん、奥《おく》さんが付きそって、屋久杉《やくすぎ》の歴史《れきし》などについて展示《てんじ》してある「屋久杉《やくすぎ》自然館」に行ったときのことでした。入口からすぐのスペースに、縄文杉《じょうもんすぎ》の枝《えだ》が展示《てんじ》されているのを見ると、お父さんがすっと立ち上がったのです。奥《おく》さんも娘《むすめ》さんも高萩さんも、腰《こし》が抜《ぬ》けるほどおどろいたそうです。それからは、滞在中《たいざいちゅう》ずっと、車いすを使わずに歩きました。「ヤクスギランド」という樹齢《じゅれい》の長い屋久杉《やくすぎ》をたくさん見ることができる森では、百五十段《だん》ぐらいの階段《かいだん》も、自分の足で歩きました。

「車いすから立てないような人だったのに、目が輝《かがや》いていて。人間の力ってすごいなと思いました」

高萩さんは、なにか自分の殻《から》を破《やぶ》ってみたいという人の背中《せなか》を押《お》すのが、自分たちの仕事であると考えています。自信を取りもどしたい、好きな人との関係や勉強にいきづまったから気分転換《てんかん》がしたい……。旅に出ることで、そんな心のバリアを取りのぞくことができることが、一番大切だと考えるからです。

旅をあきらめないで！ツアーを選べる時代になってほしい

高萩《たかはぎ》さんがベルテンポを始めたころにくらべれば、駅のエレベーターにしても、建物の多目的トイレにしても、交通機関、公共施設《しせつ》、商業施設《しせつ》など、まちの設備《せつび》に関しては、格段《かくだん》によくなってきました。また、障害《しょうがい》のある人を対象《たいしょう》にしたツアーも、たいぶ増《ふ》えてきました。

「でも、残念《ざんねん》ながら、旅行に行けるのは、まだ大都市のかぎられた人だけなんですよ」

ある離島《りとう》で、高萩さんが障害者《しょうがいしゃ》の旅行についての講演《こうえん》をしたときのことでした。昼間、まち中では一人も見かけなかった、視覚障害《しかくしょうがい》のある人や車いすを利用している人たちが、続々と会場の公民館に集まってきました。そして、講演《こうえん》が終わると、高萩さんは、こんな感謝《かんしゃ》の言葉をかけられました。

「『わたしたちも旅をしたいと思えばできるんだ、っていうことがわかってよかった。たぶん行くことはないと思うけれど、そう思えただけで、わたしはもうだいじょうぶです』って」

旅行をあきらめていた状態《じょうたい》と、旅行には行かないかもしれないけれど、「行こうと思えばいつでも行けるんだ」と思える状態《じょうたい》では、その後の人生がまったくちがってきます。

「大事なことは、行こうと思えば行けると思えることです。でも、そのための情報《じょうほう》や相談窓口《まどぐち》が、まだまだ日本には少ないですよね」

また、障害者《しょうがいしゃ》も参加できる旅行会社というと、ベルテンポのことをボランティア団体《だんたい》や慈善《じせん》事業だと思う人もいて、ときには、料金がタダだと思う人さえいるそうです。日本には、障害者《しょうがいしゃ》向けのサービスは無料であるべきだという固定観念《こていかんねん》があるのです。

でも、実際《じっさい》には、障害《しょうがい》のある人の中にも、無料の旅行を利用したいと思う人もいれば、ていねいなサービスを受けたいから高くてもいい、という人もいます。

たとえば、みなさんは、気軽に食事をしたいときには格安《かくやす》の回転寿司《かいてんずし》、家族の誕生日《たんじょうび》などにはちょっと高級なお寿司屋《すしや》さん、などと、同じお寿司《すし》を食べるにも、お店を使い分けていると思います。

旅行にしても同じことです。若《わか》くて健康なときはバックパックをしょって、格安《かくやす》のホテルに泊《と》まる旅行もいいですが、年齢《ねんれい》を重ねれば、添乗員《てんじょういん》さんがいろいろと配慮《はいりょ》をしてくれる、贅沢《ぜいたく》なパックツアーに行きたいと思う人も多いでしょう。

健康な人たちが行く旅行にくらべ、障害《しょうがい》のある人が利用できるツアーは、まだまだ料金や行き先なども、選択《せんたく》の幅《はば》が少ないのが現状《げんじょう》です。

「手元にお金があるのに、障害者《しょうがいしゃ》だという理由で旅行のチャンスがなかったり、かぎられたツアーにしか参加できないのは、あきらかにおかしい。そこは押《お》さえておくべき現実《げんじつ》だと思います」

障害《しょうがい》のある人も、旅行に対するさまざまな考え方や自分の経済状態《けいざいじょうたい》によって、旅行を選べる時代が来てほしいと、高萩さんは願っています。

「もちろん、『ベルテンポのツアーが、仲間がいて一番楽しい』とお客様に言ってもらえるのが、一番うれしいのですが」

ユニバーサルデザインな旅とは？

最後に一つみなさんに質問《しつもん》です。あなたがツアーの添乗員《てんじょういん》さんだったら、こんなとき、どうしますか？

バスツアー中、階段《かいだん》を三十段《だん》ぐらい昇《のぼ》ったところに、絶景《ぜっけい》の桜《さくら》スポットがありました。でも、お客さんの中に車いすを使っている人が一人いて、その人は階段《かいだん》を昇《のぼ》ることができません。あなたは、お客さんたちに「桜《さくら》を見に行きましょう」と言いますか？　それとも、車いすを使っている人がかわいそうだから、桜《さくら》には一言もふれずに通過《つうか》しますか？

「多くの旅行会社では、こういった場合、桜《さくら》は無視《むし》して通過《つうか》してしまうんです。一人のために、なかったことにするんです」

高萩《たかはぎ》さんは、そう教えてくれました。

でも、高萩さん自身は、こんなふうに言うようにしています。

「行ける人だけでどうぞ行ってきてください。ご自分で無理だなと思う方は、バスに残っていてください」

みなさんは、この対応《たいおう》をどう考えるでしょうか。

「たとえば自分が車いすに乗っているとする。自分に気をつかってみんなが桜《さくら》を見に行かなかったら、どうでしょう。わたしはすごくいやですよ。行ける人だけでも行ってほしい。そのほうが気が楽だし、うれしいことだと思うんです」

たとえ車いすを使っている人が行けなくても、いっしょに行った人が写真を撮《と》ってきて、あとで見ながら会話を楽しめばいいことです。楽しいはずの旅行で、みんながだれか一人のためにがまんするというのはおかしいと思う、と高萩さんは言います。

「わたしは、こんなやり方が、ほんとうのユニバーサルデザインだと思っているんです」

旅で決意した自立生活

電動車いすでどこへでも

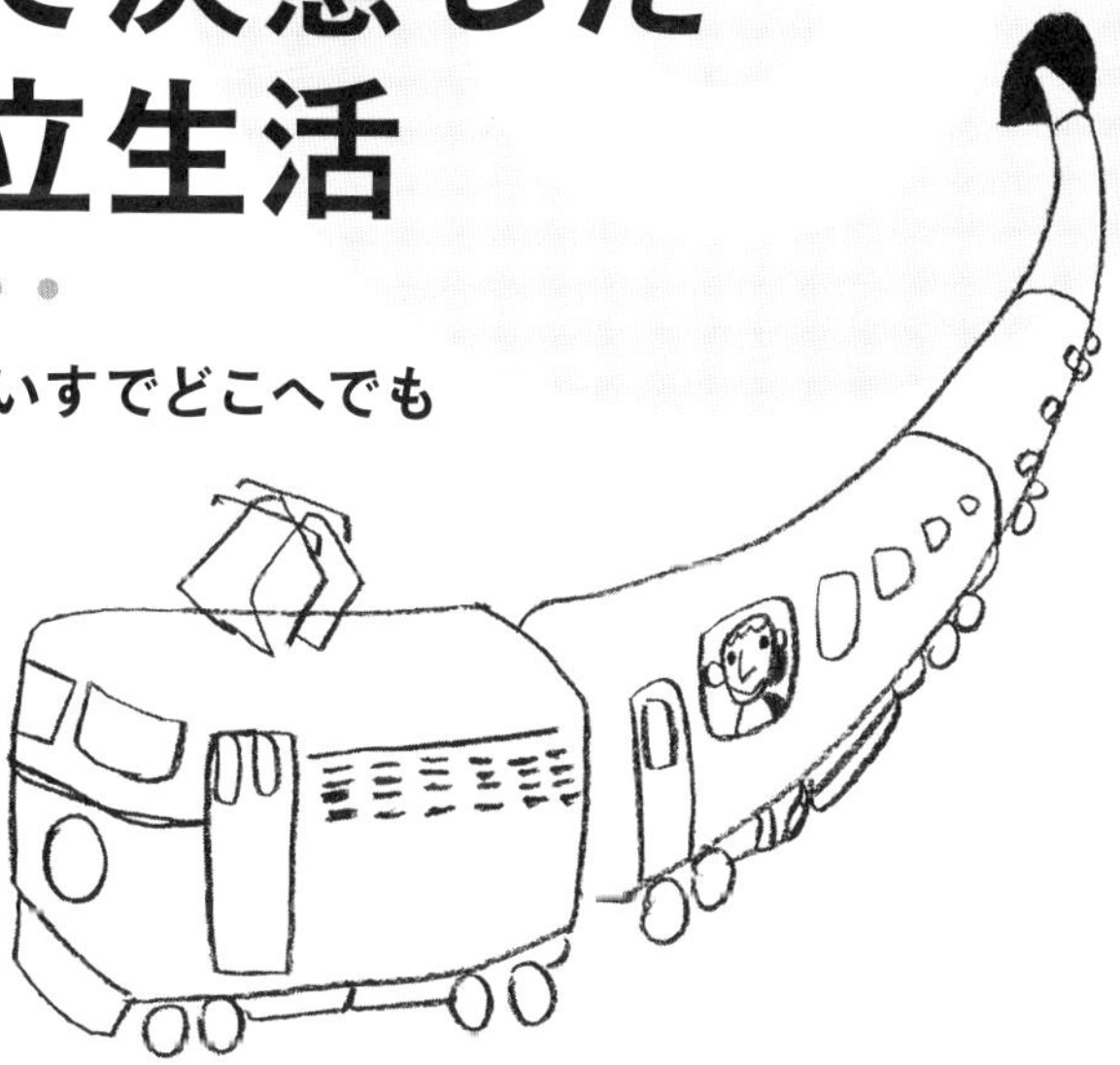

「間もなく、三番ホームに電車が参ります」

車掌《しゃしょう》さんの放送が響《ひび》きわたると、ホームに人が集まってきました。数十秒後、風を切って電車が入ってきます。

ここは駅のホームではありません。一九六五年生まれで、一八歳《さい》のときから車いすを使っている、麸澤孝《ふざわたかし》さんのお宅《たく》です。パソコンの画面にはインターネットから配信された、ある地方の駅のライブ映像《えいぞう》が流れています。乗り物が大好きな麸澤さんは、ときどきこうしてパソコン上で電車を見て楽しむのだそうです。

麸澤さんは、時間があるときは、実際《じっさい》に鉄道に乗りに出かけます。最近、多くの電車に整備《せいび》されている車いす用のスペースを利用して、遠くまで行くことも可能《かのう》です。

「一九九九年に、上野《うえの》・札幌《さっぽろ》間を結ぶ、寝台特急《しんだいとっきゅう》『カシオペア』に乗ったときは感動しました。カシオペアは日本の寝台特急《しんだいとっきゅう》ではじめて、バリアフリールームをつくった電車なんですよ。とても画期的《かっきてき》なことだったと思います」

小さいころから乗り物に乗って旅に出ることが大好きだったという麸澤さんは、鉄道や飛行機のバリアフリー化が年々進み、乗れるものが多くなるたび楽しみも増《ふ》えてゆくと言います。

交通事故《じこ》で頸髄《けいずい》を損傷《そんしょう》。肩《かた》から下は動かない

麸澤《ふざわ》さんは、十八歳《さい》のとき、自動車で交通事故《じこ》を起こし、首の骨《ほね》を折りました。現在《げんざい》では、自動車のエアバッグやシートベルトの性能《せいのう》がよくなり、小さな事故《じこ》で首の骨《ほね》を折ることは少なくなりました。ところが、麸澤さんが事故《じこ》を起こした一九八三年、車にエアバッグはまだ付いておらず、シートベルトを着用する決まりもありませんでした。

救急車で病院へ運ばれたときは、とても危険《きけん》な状態《じょうたい》でしたが、命はとりとめました。首の骨《ほね》が動かないように固定《こてい》する手術《しゅじゅつ》にも成功《せいこう》しました。

しかし、首の骨《ほね》の中を通っている頸髄《けいずい》（脊髄《せきずい》の一部）という神経《しんけい》が傷《きず》つきました。頸《けい》髄損傷《ずいそんしょう》といいます。脊髄《せきずい》は、脳《のう》とつながっていて、手足を動かす機能《きのう》などをつかさどる

大事な神経《しんけい》です。首の骨《ほね》は元通りの形になっても、一度切れてしまった脊髄《せきずい》をつなぐ技《ぎ》術《じゅつ》は、現在《げんざい》でもまだ確立《かくりつ》されていません。

頸髄《けいずい》は、頸椎《けいつい》とよばれる骨《ほね》の中を通っています。頸椎《けいつい》は上から、第一頸椎《けいつい》から第七頸《けい》椎《つい》まであります。傷《きず》ついた場所が下にいくほど残存《ざんぞん》機能《きのう》は多くなりますが、損傷《そんしょう》を受けた部位によって、さまざまな機能《きのう》が失われます。

鯑澤さんの場合は、第四頸椎《けいつい》と第五頸椎《けいつい》を骨折《こっせつ》し、その間の神経《しんけい》が傷《きず》つきました。そのため、肩《かた》より上の部分は動くけれど、肩《かた》より下は麻痺《まひ》し、自分の意思では動かせない状態《じょうたい》になりました。麻痺《まひ》というのは、動かないだけではなく、感覚もなくなります。たとえば、手をドアにはさんだり、物が落ちてきて足にぶつかったりしても「痛《いた》い」と感じないのです。

痛《いた》さを感じないため、足が腫《は》れているとか手が赤くなっているなど、アクシデントが起きた部位を目で確《たし》かめなければ、気づくことができません。車いすに座《すわ》っていると、床《とこ》ずれができやすくなりますが、その違和感《いわかん》も感じることができません。やけども危険《きけん》です。場合によっては火事にもつながりかねないからです。

「よく、手足が動かないのはたいへん、と思われるようですが、感覚がないというのはほんとうにこわいです。歩けないのは車いすでカバーできるし、手が動かないのはヘルパーさんがいればカバーできる。でも、感覚がないっていうのは、どうしようもないものですからね」

電動車いすやパソコンをあごや口を使って操作《そうさ》

麸澤《ふざわ》さんが自立生活（一人暮《ぐ》らし）を始めたのは一九九七年のことです。現在《げんざい》は東京都内に住んでいます。手足が動かせないため、ヘルパーさんに介助《かいじょ》してもらって生活しています。ヘルパーさんたちは、着替《きが》えを手伝ったり、81ページのイラストのように、天井走行式《てんじょう》のリフトを使って、車いすからベッドに移動《いどう》させたり、食事を用意するなど、麸澤さん一人でできないことをサポートします。

じつは、麸澤さんは、会社を立ち上げて、自分の介助《かいじょ》をしてくれるヘルパーさんたちのシフトをつくり、自《みずか》らマネージメントをしています。その仕事にも必要な、パソコンを使うことや、携帯《けいたい》電話を使うことなど、自分でできることがたくさんあるのです。

みなさんは、「どうして手が動かないのにパソコンを打ったりできるの？」と思うでしょう。

麸澤さんのような障害《しょうがい》のある人には、国から電動車いすが支給されます。麸澤さんの使っているアメリカ製《せい》の電動車いすの重さは、百キログラム以上。この電動車いすには、「チン（あご）コントロール」とよばれる、あごで操作《そうさ》して車いすを動かす装置《そうち》が取り付けてあります。これを使えば、かなりたくさんのことができるのです。（83ページ参照《さんしょう》）。

「チンコントロールは、ふつう、自分がやりやすいようにスイッチ位置や機能《きのう》をオーダーメイドします。それぞれ障害《しょうがい》がちがうから、決まった形はないんですよ」

麸澤さんのチンコントロールには、どんな機能《きのう》が付いているのでしょうか。

まずは、車いすを前後左右に移動《いどう》させるハンドルの機能《きのう》をはたしているジョイス

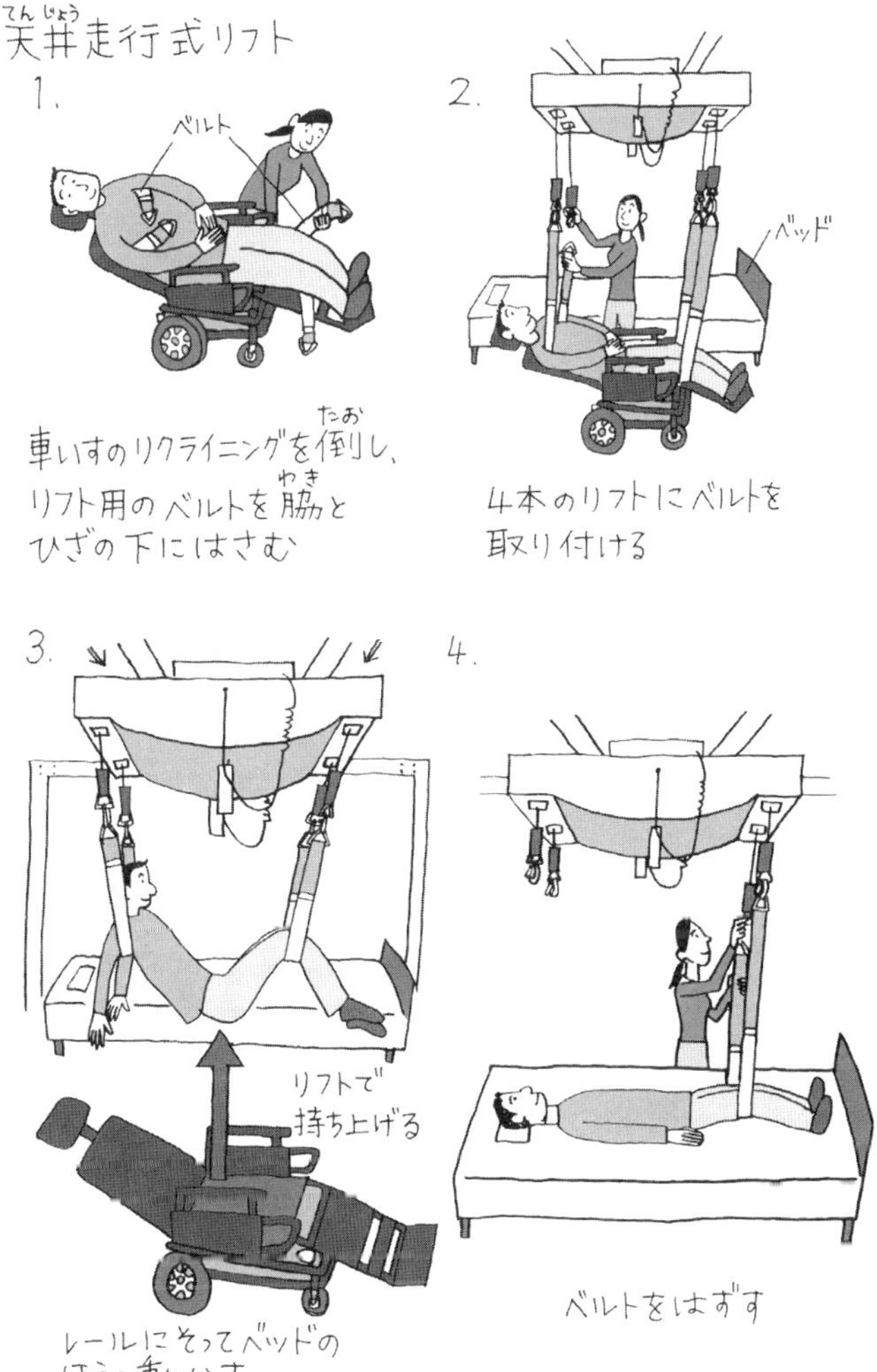

天井《てんじょう》走行式リフト
1.
ベルト
車いすのリクライニングを倒《たお》し、
リフト用のベルトを脇《わき》と
ひざの下にはさむ
2.
ベッド
4本のリフトにベルトを
取り付ける
3.
リフトで
持ち上げる
レールにそってベッドの
ほうへ動かす
4.
ベルトをはずす

ティックがあります。ジョイスティックを手前に引くと車体が前進します。あごは手前に引く動きのほうが楽なため、もっともよく使う前進の機能《きのう》を割《わ》り当《あ》てています。スピードは四段階《だんかい》に分かれていて、スピードメーターで確認《かくにん》しながら、車いすの制限《せいげん》速度いっぱいの、時速六キロメートルまでスピードを出すこともあるそうです。

「広くて人のいない場所で、飛ばして走ると気持ちいいですよ」

チンコントロールがあれば、一人で電車に乗って出かけることができます。切符《きっぷ》売り場でまわりの人や駅員さんに財布《さいふ》からお金を出してもらって切符《きっぷ》を買い、チンコントロールに取り付けたクリップにはさんでもらえば、切符《きっぷ》を出し入れする必要もありません。駅構内《えきこうない》の移動《いどう》も、エレベーターやスロープがあるから安心です。

チンコントロールには、ほかにシートのリクライニングのスイッチや、夜、移動《いどう》するときのためのライトのスイッチや、ミラーも付いています。また、ドリンクホルダーや携帯《けいたい》電話、ラジオ、時計《とけい》などの生活必需品《ひつじゅひん》も装備《そうび》してあります。

携帯《けいたい》電話は、耳にイヤホンをしておいて、着信五回コールで自動的につながるという

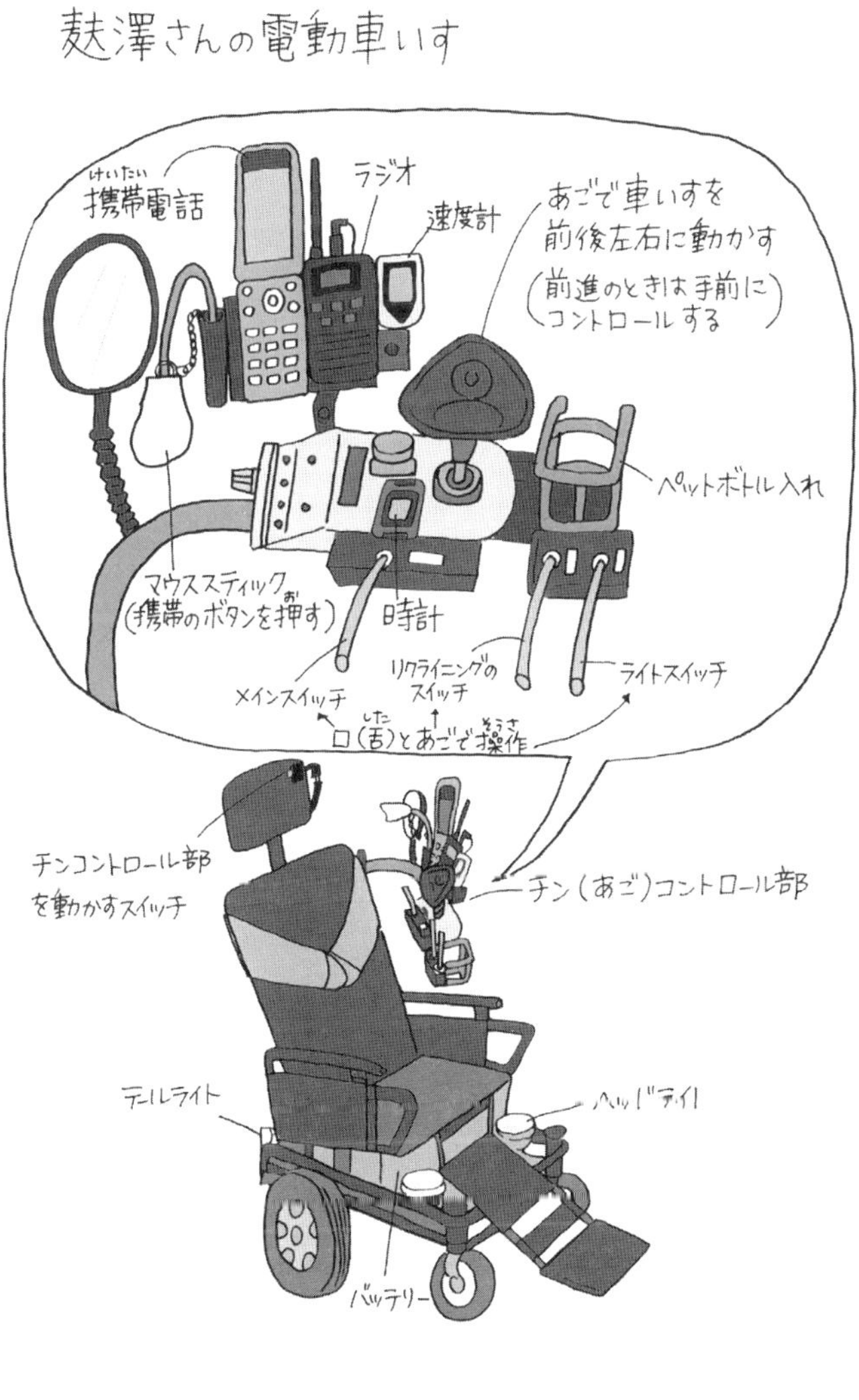
麸澤さんの電動車いす
携帯《けいたい》電話
ラジオ
速度計
あごで車いすを
前後左右に動かす
(前進のときは手前に
コントロールする)
ペットボトル入れ
マウススティック
(携帯のボタンを押《お》す)
時計
メインスイッチ
リクライニングの
スイッチ
ライトスイッチ
口(舌《した》)とあごで操作《そうさ》
チンコントロール部
を動かすスイッチ
チン(あご)コントロール部
テールライト
ヘッドライト
バッテリー

機能《きのう》を利用しています。電話をかけるときには、口に短いマウススティックをくわえて、番号ボタンを押《お》します。

また、ヘッドレストのところにあるスイッチを頭で動かして、チンコントロールの位置を移動《いどう》させることができます。たとえばパソコンに向かうときは、チンコントロールが体の前にあるとじゃまなので、脇《わき》によけます。

パソコンを使うときは、携帯《けいたい》の番号を打つマウススティックよりさらに長いスティックを口にくわえて、キーボードを押《お》します。メールを打ったり、ホームページを更新《こうしん》したりしています。マウススティックを使い始めてもう二十年になるため、操作《そうさ》もベテランです。

一人で外出して、携帯《けいたい》で電話して、メールも打てる……。こうして麸澤さんを見ていると、手足が動かなくても、たくさんのことができるのだと、おどろくことばかりです。

マウススティックを口にくわえ、パソコンのキーボードを押《お》し、マウスも操作《そうさ》します。自宅《じたく》で。

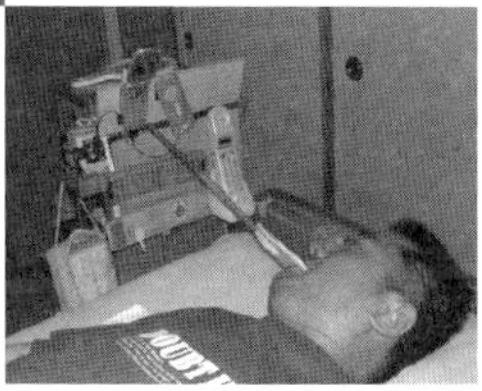

自宅《じたく》のベッド脇《わき》に取り付けた、携帯《けいたい》電話や、テレビ、エアコンなどのリモコンも、マウススティックで。

寝台特急《しんだいとっきゅう》「カシオペア」に乗ったときの記念《きねん》に（76ページ参照《さんしょう》）。

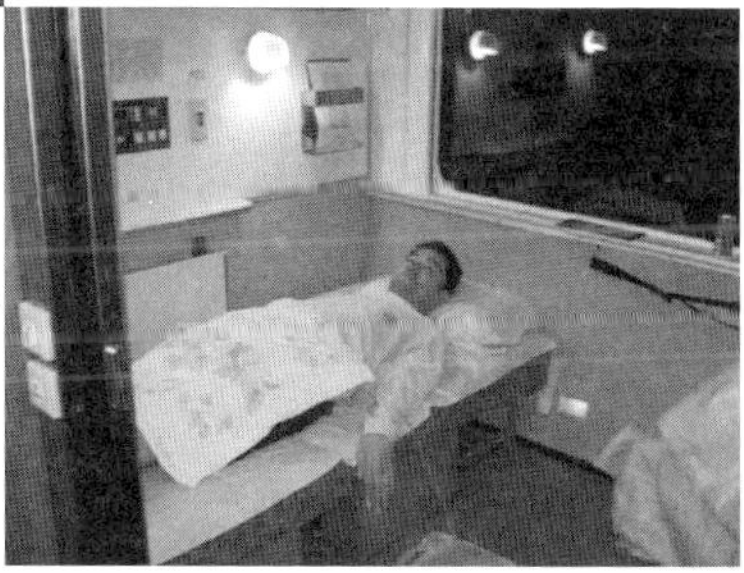

「カシオペア」のバリアフリールームで。トイレ付きで、上部にもベッドがあり、介護者《かいごしゃ》が使えます。

十年ぶりに乗った電車 新幹線《しんかんせん》で熊谷《くまがや》から東京《とうきょう》まで

「もう一生、鉄道に乗れないんじゃないか……」

鉄道少年だった麸澤《ふざわ》さんは、事故《じこ》のあとの数年間、いちばんつらかったのが電車に乗ったり、旅行に行けないことだったそうです。

「肩《かた》から下が動かないことについては、たしかに絶望感《ぜつぼうかん》もありました。でも、自分で事故《じこ》を起こしたのだから、無理矢理《むりやり》にでも、納得《なっとく》するしかなかった」

命の危険《きけん》さえあったのだから、今生きているだけでもよかったんだ。そう思うことで、自分を勇気づけたといいます。手術後《しゅじゅつご》は、リハビリテーションを受けるために、群馬《ぐんま》県の温泉病院へ転院しました。

事故《じこ》当時、麸澤さんの車いす利用者に対するイメージは、「歩けない、かわいそうな人」というものでした。身近に車いすを使う人もいない、ふつうの高校生だった麸澤さんは、最初は電動車いすにも抵抗《ていこう》がありました。でも、手動の車いすでは、だれかに押《お》してもらわなければ、どこにも行くことができません。

「そう考えると、電動車いすで、自分の意志《いし》で動けるってすごいことだなと思ったんです。病院の中も、屋上にも行けるし、散歩もできる。バックもできる。だから、電動車いすで動けるようになってから、気持ちが楽になった感じでした」

「自分で動ける」ことで自信を取りもどした麸澤さんは、病院を出て身体《しんたい》障害者《しょうがいしゃ》療《りょう》護施設《ごしせつ》へと移《うつ》ります。

心に余裕《よゆう》の出てきた麸澤さんは、やがて「車いすでも鉄道に乗れるんじゃないか」という期待をもち始めました。当時はインターネットはおろか、パソコンもまだ普及《ふきゅう》しておらず、ひたすら本や資料《しりょう》で車いすでの旅行の情報《じょうほう》を探《さが》しました。

「最初は車いすで旅行するなんて半信半疑《はんしんはんぎ》でした。できたとしても、もっと障害《しょうがい》が軽い人や、お金持ちの人だけだと思っていました」

まさか自分一人で鉄道に乗れるわけがない。でも、もしかして新幹線《しんかんせん》なら車いすでも乗れるんじゃないか。そう思い立った麸澤さんは、施設《しせつ》のある熊谷《くまがや》から東京《とうきょう》までの新幹《しんかん》線《せん》を、電話で予約しました。

「施設《しせつ》の中だけの小さな社会で生きていたぼくにとって、電話で予約するだけでもかなりのチャレンジだったんです。『車いすでも乗れますよ』と言われたときは、ほんとうにびっくりしました」

新幹線《しんかんせん》に乗る当日、まずは施設《しせつ》から熊谷《くまがや》まで、タクシーに乗って、トランクに手動車いすを載《の》せて行きました。当時、まだ駅にはエレベーターはありませんでしたが、大きい駅には、売店の荷物用のエレベーターが備《そな》えられていました。それを利用してホームまで行くのです。

「電車に乗ったのは約十年ぶりだったんです。ほんとうに感動しましたね。熊谷《くまがや》から東京《とうきょう》まで、わずか数十分だったけど、『ぼくにも乗れるんだ』ってわかった。それからは、どんどん外に出ていくようになりました」

一人旅でつけた自信
一人暮《ぐ》らしの決心を固《かた》める

この体験で自分に自信をつけた麸澤《ふざわ》さんは、海外旅行へと旅行先を広げていきます。フィリピンのルセナという町の近くに、「日本人障害者《しょうがいしゃ》の家」という宿泊施設《しゅくはくしせつ》がありました。麸澤さんの知り合いの日本人の頸髄損傷者《けいずいそんしょうしゃ》が、冬場は暖《あたた》かいフィリピンですごしたいという理由で別荘《べっそう》をつくったのだそうです。麸澤さんはそこへ、仲間と遊びに行くことにしたのです。

電車で旅行することには慣《な》れたとはいえ、海外も飛行機もはじめて。出発前は不安だらけで、勇気が必要でした。はじめてパスポートもとり、三人の介護者《かいごしゃ》といっしょに成《なり》田《た》空港から出発しました。

「夕方の便で、冬だからあたりは真っ暗。離陸《りりく》のとき、滑走路《かっそうろ》にライトが光るのを見て、感激《かんげき》しました。まさか飛行機に乗って、海外に行けるなんて」

ところが、このはじめてのフィリピンへの旅は、なにもかも失敗だらけだったそうです。冬の日本と、真夏のように暑いフィリピンとの温度差もあって、かぜをひいてしまい、どこにも行けず、なんにもできなかったのでした。さらに、施設暮《しせつぐ》らしが長かったため、はじめて会った現地《げんち》の人や宿舎《しゅくしゃ》の人たちと、うまくコミュニケーションをとれなかったのです。

「もともと人見知りっていうわけじゃないんです。社会とのつながりがなかったから、うまく話せなかったんですね。それに、食べ物も環境《かんきょう》も、なにもかもちがう。カルチャーショックでくたくたになってしまったんです」

まわりの人にも迷惑《めいわく》をかけたことが気がかりだった麸澤さんは、そのリベンジをしたくて、再《ふた》びフィリピンの「障害者《しょうがいしゃ》の家」を訪《おとず》れます。二年の歳月《さいげつ》がたっていましたが、以前よりも家が増《ふ》えていたり、走っている車もよくなっていて、だいぶ環境《かんきょう》が変わっていたことがおもしろかったそうです。このときは体調もよく、現地《げんち》の人とコミュニケーションも楽しめました。

フィリピンの旅で。現地《げんち》のヘルパーさんの介助《かいじょ》で、リフトでベッドに移動《いどう》。

フィリピンで洗髪《せんぱつ》。床《ゆか》がコンクリートなので、そのまま洗い流してしまいました。

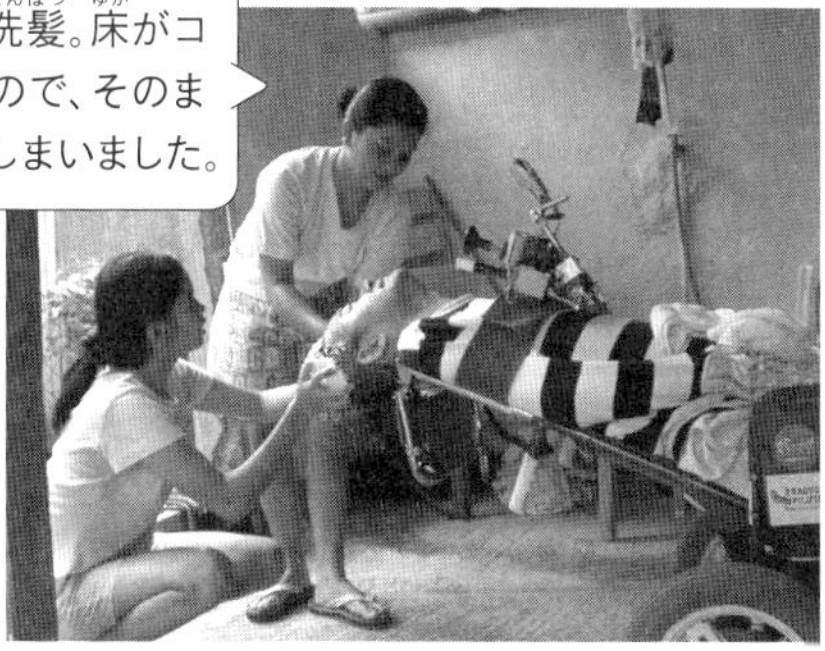

フィリピン名物のジプニーというバスに乗るのを、屈強《くっきょう》な若者《わかもの》に手伝ってもらいました。

「フィリピンは、人があったかい。言葉はしゃべれなかったけど、日本語も英語もできる人にわからない言葉を聞いたりして、なんとかコミュニケーションをとりました」

この旅の成功《せいこう》を生かして、三回目のフィリピンにも挑戦《ちょうせん》しました。このときはマニラの空港まで、一人で行きました。いっしょに行く介護者《かいごしゃ》を見つけるのが難《むずか》しかったということもありましたが、なにより当時の麸澤さんにとっては、一人旅の解放感《かいほうかん》がありました。日常《にちじょう》では施設《しせつ》にいるため、たとえ部屋に一人でいても、自由な気分になれなかったのです。

最初は二、三週間のつもりだったのですが、慣《な》れてきてどんどんおもしろくなっていき、結局五十日近くも滞在《たいざい》しました。

「旅行というかホームステイの感覚《かんかく》ですよね。『障害者《しょうがいしゃ》の家』には、日本人も何人も来ていたけど、一人でいろいろなところにも出かけて、現地《げんち》の人としゃべるうちに、言葉も少し覚えました。この旅行はぼくにとって転機でした。一人で生活する自信がついたからです」

そして、帰国後、麸澤さんは施設《しせつ》を出て自立生活を始めることになりました。この旅が、自分の生活を変えようと決心するきっかけとなったのです。

車いすとベッドとの移動《いどう》が一番問題

電動車いすを使いこなしているとはいえ、麸澤《ふざわ》さんは外出や旅行のときに、困《こま》ることはないのでしょうか。

麸澤さんは、お寺や遺跡《いせき》などの観光地に行ったり、博物館をめぐったりするより、乗り物に乗ったり、おいしいものを食べたり、人と話したりすることのほうが好きです。そのため、ヘルパーさんや現地《げんち》の人に、食事や入浴《にゅうよく》などを手伝ってもらうことができれば、ほとんど不便を感じないで旅行ができるそうです。

「考えてみたら外での不便はそんなにないんです。ヘルパーさんもいるし、できないことはまわりの人に積極的《せっきょくてき》に声をかけて、助けてもらえますから。ぼくの場合、車いすに乗っていて、さらに手足を固定《こてい》しているから、手も不自由なんだなって、一目瞭《いちもくりょう》然《ぜん》。だから頼《たの》みやすいんです」

そうはいっても、やはり旅先で困《こま》ることはあります。それは、車いすとベッドとの移《い》動《どう》です。さきほど説明したように、家では天井《てんじょう》走行式のリフトを使用して、ヘルパーさんに手伝ってもらって移動《いどう》していますが、ホテルや旅館で、天井《てんじょう》走行式リフトを備《そな》えてあるところはほとんどありません。

たとえヘルパーさんが同行していても、一人の力で魅澤さんを抱《かか》え、ベッドに移動《いどう》させるのは難《むずか》しいのです。とくに女性《じょせい》のヘルパーさん一人の力では無理です。

「今、ぼくがいちばんたいへんだと感じているのが、この車いすとベッドとの移動《いどう》なんです。リフトのない宿に宿泊《しゅくはく》するときは、あらかじめ電話してスタッフに手伝ってもらえるか聞きます。でも、残念《ざんねん》ながら断《ことわ》られることも多いんです」

以前とくらべて、「事故《じこ》があったときに責任《せきにん》がとれないから」と、ホテル側が移動《いどう》の手伝いを断《ことわ》る場合が増《ふ》えてきているのです。自分たちではできないからと、資格《しかく》をもったヘルパーさんの連絡先《れんらくさき》を教えてくれるホテルもあるそうです。

むかしはみんなで助け合って行っていたことが、責任《せきにん》がとれないからと、できなくなる——。みなさんは、どう考えますか？　もし人の手でできないのならば、ホテルや宿《やど》はリフトを付けるべきではないでしょうか。

麸澤さんによると、公共の宿泊施設《しゅくはくしせつ》である「かんぽの宿」にはリフトが設置《せっ》されていることが多いそうです。リフトでそのままお風呂《ふろ》に移動《いどう》することもできるというから便利です。とはいえ、いざ行ってみるとほこりをかぶっていたり、故障《こしょう》で使えなかったりすることも少なくありません。

「一般《いっぱん》のお客さんにくらべて数が少ない車いす利用者のために、お金をかけて設備投《せつびとう》資《し》はできないという言い分もわかるんです。

リフトがない宿のときは、車いすの仲間といっしょに行くようにしています。いっしょに行く人の数が増えれば、そのぶん介助《かいじょ》するヘルパーさんも増《ふ》えるから、助け合って移《い》動《どう》ができるんですよ」

なるほど、ヘルパーさんが女性《じょせい》ばかりでも、三、四人集まれば、男性《だんせい》の体を持ち上げてベッドへ移動《いどう》させることもできます。車いす利用者の数が多ければ、旅行中の移動《いどう》には時間がかかりますが、かえってさまざまなトラブルにも対処《たいしょ》しやすいという利点もあるそうです。

路面電車は一人でも乗れる

交通機関のバリアフリー化は、どんどん進化してきました。麸澤《ふざわ》さんが新幹線《しんかんせん》にはじめて乗ったとき、ホームへ行くエレベーターも設置《せっち》されていませんでしたが、今ではあたりまえのように、エレベーターはもちろん、車いす用の乗車スペースや、車いすで使えるトイレもあります。ほんの十数年の間にだいぶ発達し、「ほんとうに便利になった」と麸澤さんは言いますが、改善《かいぜん》の余地《よち》はまだまだあります。

たとえば、駅のホームは、混雑《こんざつ》していると、車いすでホームの端《はし》ぎりぎりを移動《いどう》することになり、とても危険《きけん》です。そういう視点《してん》で考えると、東京《とうきょう》周辺では、都営《とえい》地下鉄三田《みた》線や東京《とうきょう》メトロ南北《なんぼく》線、つくばエクスプレスなどでは全駅のホームに見られるホームドアは、視覚障害者《しかくしょうがいしゃ》だけでなく、車いす利用者にとっても安心なものなのです。

また、駅に増《ふ》えたエレベーターにも、改善《かいぜん》すべき点はあります。ホームのエレベーターの場所は、駅によってまちまちで、統一《とういつ》されていません。乗った駅ではエレベーターが前方にあったのに、降《お》りた駅ではホームのいちばんうしろ、というのでは、ホームを行ったり来たりしなくてはならず、とても不便です。

「建設上《けんせつじょう》の問題で、同じ位置につくれないのかもしれませんが、これではふつうに歩ける人の何倍も、時間がかかってしまいますよね」

時間がかかるという点では、麸澤さんはもう一つ問題を感じています。たとえばJ《ジェイ》R《アール》山手線で池袋《いけぶくろ》から新宿《しんじゅく》に行くとすると、ふつうに歩ける人なら十分程度《ていど》で移動《いどう》することができます。ところが、車いすの場合は、通常《つうじょう》、三十~四十分もかかるそうです。池袋《いけぶくろ》の駅の改札口《かいさつぐち》で、まず案内の駅員さんが来るまで待ちます。駅員さんが来たらいっしょにホームまで移動《いどう》します。ホームに着いても、来た電車にすぐ乗れるわけではありません。降車駅《こうしゃえき》の新宿《しんじゅく》駅の駅員さんに、スロープを用意してもらうために、連絡《れんらく》をとる必要があるからです。連絡《れんらく》がつくまでに、平均《へいきん》して電車二、三本は待つそうです。

設備《せつび》は便利になったとはいえ、結局は駅員さんが来てくれないと動けないのでは、快適《かいてき》とはいえません。鉄道では、ホームと電車の間に段差《だんさ》があるため、それを埋《う》めるためのスロープを、駅員さんに出してもらわなければ乗れないのが現状《げんじょう》です。

「いちばんいいのは、だれにも頼《たの》まないで、自分で行けることですよね」

じつは、この問題を解決《かいけつ》してくれるのが路面電車です。

たとえば、広島《ひろしま》市の路面電車のうち、「グリーンムーバー」や「グリーンムーバーマックス」などの車両は、ホームと車両の段差《だんさ》がほとんどないため、駅員さんの介助《かいじょ》もいらず、一人で自由に乗れるのだそうです。東京《とうきょう》の都電荒川《あらかわ》線なども同様です。

「環境《かんきょう》にもいいし、ラクだし。これからは、みんなが乗れて環境《かんきょう》にもいいっていうのが一番ですよね」

ハワイのバス。前に乗客の自転車を積《つ》んでいます。車いすが乗降《じょうこう》できるリフトも付いています。

運転手さんが運転席でリフトのスイッチを操作《そうさ》。日本とちがって、運転手さんは降《お》りてきません。

降《お》りるときもスイッチ一つ。時間もかからず、乗客がイライラすることはまったくありません。

これぞハワイ！　車いすのリクライニングを倒《たお》し、ビーチで一服。

最近では、路面電車だけでなく、鉄道でも、新型車両の導入《どうにゅう》によって、少しずつ乗れる場合が増《ふ》えてきています。

また、切符《きっぷ》についても、じつはさまざまな問題点があります。障害者《しょうがいしゃ》には乗車券《じょうしゃけん》の割《わり》引制度《びきせいど》がありますが、「スイカ」や「パスモ」などのＩＣ《アイシー》カードには、障害者割引《しょうがいしゃわりびき》の機《き》能《のう》が付いていません。割引《わりびき》を受けようと思うといちいち切符《きっぷ》を買わなくてはならず、しかも、鉄道会社によって割引率《わりびきりつ》がちがうそうです。乗《の》り換《か》えが多いときなどは、ほんとうに不便です。

「カードのことだけではなく、世の中が便利になればなるほど、その変化についていけない人は苦労《くろう》することになります。便利さを追求するなら、お年寄《としよ》りや障害者《しょうがいしゃ》、外国から来た人なども視野《しや》に入れてほしいと思います」

「ほんとうに行きたいところには行けない」というジレンマ

　麸澤《ふざわ》さんが次に旅行に行きたい場所は、国内なら北海道《ほっかいどう》や沖縄《おきなわ》だそうです。でも、麸澤さんが行きたいと思っている沖縄《おきなわ》の小さな離島《りとう》では、電動車いすでは乗れない船もあるかもしれないし、行けたとしても現地《げんち》での介助《かいじょ》が受けられない場合があります。

「だれでもそうだと思いますが、ほんとうに行きたいところっていうのは、バリアフリーなんかの設備《せつび》がないところなんですよね。静かな南の島だったり、山奥《やまおく》のお寺だったり」

　たしかに、風情《ふぜい》のある温泉旅館や歴史《れきし》ある寺院には、歩いていくからこそ魅力《みりょく》が増《ま》すということもあります。そして、ときにその魅力《みりょく》は、スロープができたり、バスや電車が発達することで、半減《はんげん》してしまうということがあります。

「そこにスロープやエレベーターがないと、ぼくは行くことができない。でもぼくは、それらが付くことで、その場所の雰囲気《ふんいき》がそこなわれるようなことがあっては、意味がないんじゃないかって思うんです。自分の行きたいという気持ちと、その場所にとってはぼくが行けないままのほうがいいんじゃないか」と思う気持ちのあいだで、ジレンマがあります。

いろいろな考え方がありますが、ぼく自身は、『それでも行けるようにしてほしい』と強く言いたいとは思わないんです」

みなさんは、麩澤さんのこの意見を聞いて、どう思いましたか?

障害《しょうがい》のある人はかならずしも、「自分たちができないことをすべてできるようにしてほしい」と思っているわけではないことが感じられます。ですから、わたしたちが「車いす利用者のため」と思いこんでしていることが、じつは本人たちを苦しめてしまっていることも多いのです。

最近では、エレベーターやスロープも、景観《けいかん》を壊《こわ》さないよう、デザインをくふうしている観光地や旅館も増《ふ》えてきています。バリアフリーも景観《けいかん》もどちらも考えるというのは難《むずか》しいことですが、それが実現《じつげん》できたときはじめて、だれもがその場所を楽しめるようになるのかもしれません。

「ぼくは、『もうちょっと気をつかってよ』とこっちが思うぐらいがちょうどいいんじゃないか、と思ってるんです。ぼくの場合、車いすだからって気をつかってもらってる、とわかると、楽しみが半減《はんげん》しちゃうんです。旅行でのことだけじゃなくて、日常《にちじょう》でもそうです。そう感じるのは、ぼくだけではないと思います」

「注文を付ける」から「説得力《せっとくりょく》のある意見を言う」へ

麸澤《ふざわ》さんが車いすに乗り始めた二十五年前にくらべれば、人々の気持ちも大きく変わってきました。

「むかしは車いすに乗っているというだけで、ものめずらしげにじろじろ見る人がいました。今も人には見られるけど、その見方が変わったような気がします。かわいそうだな、たいへんだなという視線《しせん》ではなく、電動車いすの機能《きのう》を見て、『かっこいいメカだな』とか『あごを使って運転するんだ』とか、好意的《こういてき》な興味《きょうみ》をもってくれる人も多くなりました」

それには、車いすを利用する人たちが積極的《せっきょくてき》に外出するようになったことが大きいと麸澤さんは言います。障害者《しょうがいしゃ》が町に出れば、人々の視線《しせん》も変わるし、建物のバリアフリー化も進むからです。

「今、それなりにバリアフリーが進んできたのは、ぼくたちが町に出て、道をこうしてほしい、エレベーターを付けてほしいって言ってきた成果でしょう。でも、これから先は、それ以上のことが求められると思います。それは、当事者が『不備《ふび》に対して注文を付ける』というレベルではなくて、『どうすれば現状《げんじょう》を改善《かいぜん》できるか、説得力《せっとくりょく》のある言葉で意見を言う』ということです」

これまではバリアフリー化を進めるにあたって、障害者《しょうがいしゃ》が町に出ることは、それだけで意味があるとされてきました。行政《ぎょうせい》や企業《きぎょう》も、車いす利用者に町に出てきてもらえるよう、「エレベーターをつくったから乗ってください」と言ってくることが多かったそうです。しかし、いざ出かけてみたら狭《せま》くて乗れないとか、柱がじゃまで通れない、などというケースが跡《あと》を絶《た》たなかったそうです。

ここから一歩先に進むためには、行政《ぎょうせい》や事業者に、こういう理由や利益《りえき》があるから変えてほしいということを、障害者《しょうがいしゃ》自身が的確《てきかく》な言葉で伝えていく必要があると、麸澤さんは言います。

「作ってからじゃなくて、作る前からぼくたちの意見を取り入れて検証《けんしょう》してほしいですね。参加じゃなくて参画《さんかく》ですよね。ベビーカーを押《お》している人も、お年寄《としよ》りも、車いす利用者も、みんなが使えるエレベーターにするには、それだけ多くの人の意見を聞くべきだと思います」

そのようにしてつくられたものは、障害《しょうがい》のない人たちにとっても、快適《かいてき》で便利であるにちがいありません。

「全部の意見を聞くのは難《むずか》しいですが、いっしょにやろうよ、という意識《いしき》が、なにより大切ですよね」

バリアフリーは楽しみながら

ユニバーサルデザインの
ホテルをめざしたアイディアマン

茨城《いばらき》県の土浦《つちうら》市には、日本で二番目に大きい湖、霞ヶ浦《かすみがうら》があります。その入り口にある「ラクスマリーナ」では、遊覧船《ゆうらんせん》やクルーザーに乗ることができます。

この施設《しせつ》では、雄大《ゆうだい》な霞ヶ浦《かすみがうら》の自然の中で、高齢者《こうれいしゃ》や障害《しょうがい》のある人たちにもマリンスポーツを楽しんでもらうために、さまざまな取り組みをしています。

「ヨットはヨットでも、アクセスディンギーという絶対倒《ぜったいたお》れないヨットがあるんですよ。『アクセス』はだれでも近づきやすいという意味で、『ディンギー』とは小舟《こぶね》のこと。つまり、だれにでも乗りやすい、小さなヨットということなんです」

親しみやすい笑顔《えがお》で、そう説明する秋元昭臣《あきもとあきおみ》さんは、この取り組みの中心人物です。マリーナには二〇〇七年九月から勤《つと》めています。

目が見えなくても ヨットでスイスイ

アクセスディンギーは、船体の下に、重い鉛《なまり》が付いているセンターボードがあるため、

「起き上がりこぼし」のようになって、転覆《てんぷく》することがありません。船体内部には浮力体《りょくたい》が詰《つ》まっているので沈《しず》まないし、ふつうのヨットより横幅《よこはば》も広く、安定しているのです。ハンモック型のいすに座《すわ》り、ジョイスティックで舵《かじ》を動かすという簡単《かんたん》な操作《そうさ》でセーリングすることができるため、視覚障害者《しかくしょうがいしゃ》にとても人気があるそうです。

秋元《あきもと》さんは、二〇〇七年から、このアクセスディンギーに乗る「ブラインドセーリング体験会」を始めました。参加者は弱視《じゃくし》の人や全盲《ぜんもう》の人で、盲導犬《もうどうけん》を連れた人もいます。まずは、参加者にアクセスディンギーの小さな模型《もけい》を手でさわってもらい、ヨットのつくりを知ってもらいます。本物のヨットをさわっても、大きすぎて全体像《ぜんたいぞう》が把握《はあく》できないため、模型《もけい》で理解《りかい》してもらうのです。また、発泡《はっぽう》スチロールでマリーナの周辺の立体的な地図（触地図《しょくちず》）を作り、点字も付けて、手でさわって湾《わん》の形がどのようになっているのか、灯台《とうだい》や桟橋《さんばし》の場所はどこなのかなどを知ってもらいます。

インストラクターにアクセスディンギーの操作《そうさ》方法を教わったら、次はヨットの組み立てです。事前に手順を電子メールで送っておき、パソコンの文字を合成音声で読み上げるソフトで聞いて、予習しておいてもらいます。そして、その場で点字の説明書を読み、それぞれの部品をさわって理解《りかい》すれば、自分で組み立てることができるのです。

ヨットが準備《じゅんび》できたら、いよいよライフジャケットを着用。いっしょに乗ったインストラクターが磁気《じき》コンパスを持ち、今進んでいる方角を度数で読み上げると、参加者は、指《さ》し示《しめ》す方向へ向かって舵《かじ》をとります。進もうと思うほうにジョイスティックを倒《たお》すことで、ヨットの向きを変えることができるのです。風が強いときは、帆柱《ほばしら》に帆《ほ》を巻《ま》いて小さくする操作《そうさ》も行います。夏には、いっしょに乗っていた盲導犬《もうどうけん》が、そばで楽しそうに泳いでしまうこともあるそうです。

「スピードが出てくると、水切りの音がピチャピチャからザーッという音に変わります。これは風と帆《ほ》の向きがぴったり合って、ヨットが順調に走っている証拠《しょうこ》。水の上をスイスイ進んでいく気持ちよさは、目が見えても見えなくても、同じですよね」

アクセスディンギーを取り入れたことによって、今まで水の上をバリアだと思っていた人が来てくれるようになりました。小さなヨットと秋元さんたちの取り組みが、人々のマリーナに対する心のバリアを取りはらったのです。その甲斐《かい》あって、ラックスマリーナは、日本で七番目のバリアフリーマリーナに認定《にんてい》されました。

「バリアフリーってなに？」からスタートしたホテル増築《ぞうちく》

秋元《あきもと》さんは一九四二年生まれ。マリーナのあちこちを行き来する足取りは軽く、とても六十代には見えません。マリーナ勤務《きんむ》の前は、長年、京成《けいせい》ホテルに勤《つと》めていました。障害《しょうがい》のある人にヨットを、と思いついたのも、ホテルで建物のバリアフリー化に携《たずさ》わっていたためです。

京成《けいせい》ホテルがバリアフリーに積極的《せっきょくてき》に取り組み始めたのは一九九〇年代はじめ。

「そのころはまだバリアフリーという言葉が一般的《いっぱんてき》ではなく、わたし自身もよく理解《りかい》していなかったですね」

当時、秋元さんはホテルの管理運営《うんえい》や従業員《じゅうぎょういん》教育などに携《たずさ》わっていました。会社は関東近辺《かんとう》に五つのホテルを所有していましたが、そのときの仕事は、千葉県《ちば》銚子市《ちょうし》犬吠埼《いぬぼうさき》にあるホテルの客室棟《きゃくしつとう》の増築《ぞうちく》でした。ホテルはいったん建てると三十年以上は使うため、将来《しょうらい》の社会を見越《みこ》した建物にする必要があります。

悩《なや》んだ秋元さんは、バリアフリーに積極的《せっきょくてき》に取り組んでいた旅行関係者が集まる「もっと優《やさ》しい旅への勉強会」に参加しました。そこで「これからの日本は高齢化《こうれいか》社会になるので、バリアフリーが大切だ」ということを知り、将来《しょうらい》の社会に対応《たいおう》できる、バリアのない建物を作ろうと決意します。そこで、バリアフリーに関する資料《しりょう》や本に目を通しましたが、具体的にどのような施設《しせつ》を作るべきなのか、さっぱり見当《けんとう》がつかなかったそうです。

「当時はインターネットも今ほどではなく、情報《じょうほう》が少ない時代でした。でも、なにより、わたし自身が障害《しょうがい》のある人たちとまったく接《せっ》したことがなかったために、『バリアフリー』を理解《りかい》できなかったんです」

障害《しょうがい》のある人たちが使いやすいホテルをつくれば、高齢者《こうれいしゃ》にとっても便利なものになるんじゃないか。秋元さんはそう仮説《かせつ》を立てると、資料《しりょう》とにらめっこするのをやめて、障害《しょうがい》のある人たちの生活を知ろうとしました。

手はじめに、障害《しょうがい》のある人が働く作業所を教えてもらうため、市の社会福祉協議会《しゃかいふくしきょうぎかい》へ出かけました。ところが、民間企業《みんかんきぎょう》に勤《つと》める人が、なにかを売りこみに来たのだろうと思われ、なかなか教えてくれません。ホテルをバリアフリー化するにあたって、利用者の意見を聞きたいとていねいに伝えると、やっと納得《なっとく》してもらい、障害《しょうがい》のある人から直接《ちょくせつ》話を聞くことができました。当事者が使っているグッズを販売《はんばい》しているお店にも行き、それぞれの障害者《しょうがいしゃ》の暮《く》らしには、どんなものが必要なのかもリサーチしました。

「障害《しょうがい》のある方やその家族の方に、『ホテルがわたしたちに話を聞いてくれるなんて。ありがとう』と言われたときは、うれしくて、手ごたえを感じたものです」

また、手足が不自由な状態《じょうたい》をホテルの従業員《じゅうぎょういん》も体験してみようと、捨《す》てられていた車いすを拾ってきて直して乗り、実際《じっさい》に自分たちがホテルの中を車いすで歩くことで、どこが不便かを話し合いました。

「知恵《ち え》をしぼってお金をかけず」まず手作りスロープから

この結果、秋元《あきもと》さんは「ホテルのバリアは数え切れないほどある。しかも障害《しょうがい》によってさまざまだ」ということを知ります。とても、一度にすべてを解決《かいけつ》できるとは思えません。最初から完璧《かんぺき》を求めるのは、そもそも無理なことでした。それというのも、当時は現在《げんざい》のように、ホテルには三十室に一室はバリアフリールームを設《もう》けなければならないという法律《ほうりつ》もなかった時代です。車いすの人のためのスロープにしても、会社が必要《ひつよう》性《せい》を認《みと》めなければ、予算化できない状態《じょうたい》でした。

そこで秋元さんたちは、「とりあえず今できること」を、五つのホテルのうちで、もっとも「くふうのしがいがある施設《しせつ》」だった土浦《つちうら》のホテルでやってみることにしました。そしてその結果を、犬吠埼《いぬぼうさき》のホテルの増築時《ぞうちくじ》に生かそう、ということになりました。

「まあ単純《たんじゅん》に言えば、お金がなかったんです。だから、『知恵《ちえ》をしぼってお金をかけずにできるバリアフリー』というのが、わたしたちの目標でした」

一般的《いっぱんてき》に日本のホテルでは、建物のオーナー会社と、管理を受け持つ会社が別であるため、許可《きょか》なく建物に穴《あな》を開けたりできない場合が多いそうです。ところが、京成《けいせい》ホテルは例外で、オーナーであり管理も行います。ふつうなら建物に釘《くぎ》一本打てないのですが、京成《けいせい》ホテルでは、自分たちで建物にくふうをこらすことにしました。

秋元さんは子どものころから理科や工作が大好きで、電気工事屋さんになりたかったそうです。大学では電気科を専攻《せんこう》し、電気主任技術者《しゅにんぎじゅつしゃ》の資格《しかく》も持っています。なぜホテルに勤《つと》めたかというと、これからはビルの設備《せつび》管理が重要な時代が来るだろうと思ったからだと言います。

そんな秋元さんは、まずみんなで、段差《だんさ》をなくすためのスロープを作ってみることにしました。材木を削《けず》って、ホテル内の段差《だんさ》に合わせたスロープを作りました。表面には、ニードルパンチというフェルトのような素材《そざい》を貼《は》り合《あ》わせ、見た目にも気を配りました。

「作ったスロープは、最初は必要なときだけ使っていました。そのうち、『便利だから』

といって置きっぱなしになるんです。そうしたら必要性《ひつようせい》が認《みと》められたということ。そうなれば、犬吠埼《いぬぼうさき》のホテルの増築《ぞうちく》工事のときに予算化できるんです」

予算が通れば、設計《せっけい》の時点から、デザインも考えてスロープを組みこむことができます。手すりについても、最初は吸盤式《きゅうばんしき》の手すりを付けて、必要性《ひつようせい》を検証《けんしょう》していきました。

「お犬様セット」に「壁紙筆談器《かべがみひつだんき》」アイディアと器用さで

秋元《あきもと》さんたちの試《こころ》みは、建物のくふうだけではありませんでした。視覚《しかく》や聴覚《ちょうかく》に障害《しょうがい》のある人は、大がかりな設備《せつび》の変更《へんこう》がなくても泊《と》まりに来てもらうことができます。

まず、秋元さんは、盲導犬《もうどうけん》を連れた視覚障害《しかくしょうがい》のあるお客さんに来てもらうために、通称《つうしょう》「お犬様セット」を考案しました。

はじめは排泄用《はいせつよう》のバケツなども用意しましたが、利用者に尋《たず》ねるうちに、排泄《はいせつ》場所は補助犬《ほじょけん》のために、客室にシートを敷《し》き、えさ・水入れ、タオル、新聞紙、リードをつないでおくロープと、消臭《しょうしゅう》スプレーも用意します。

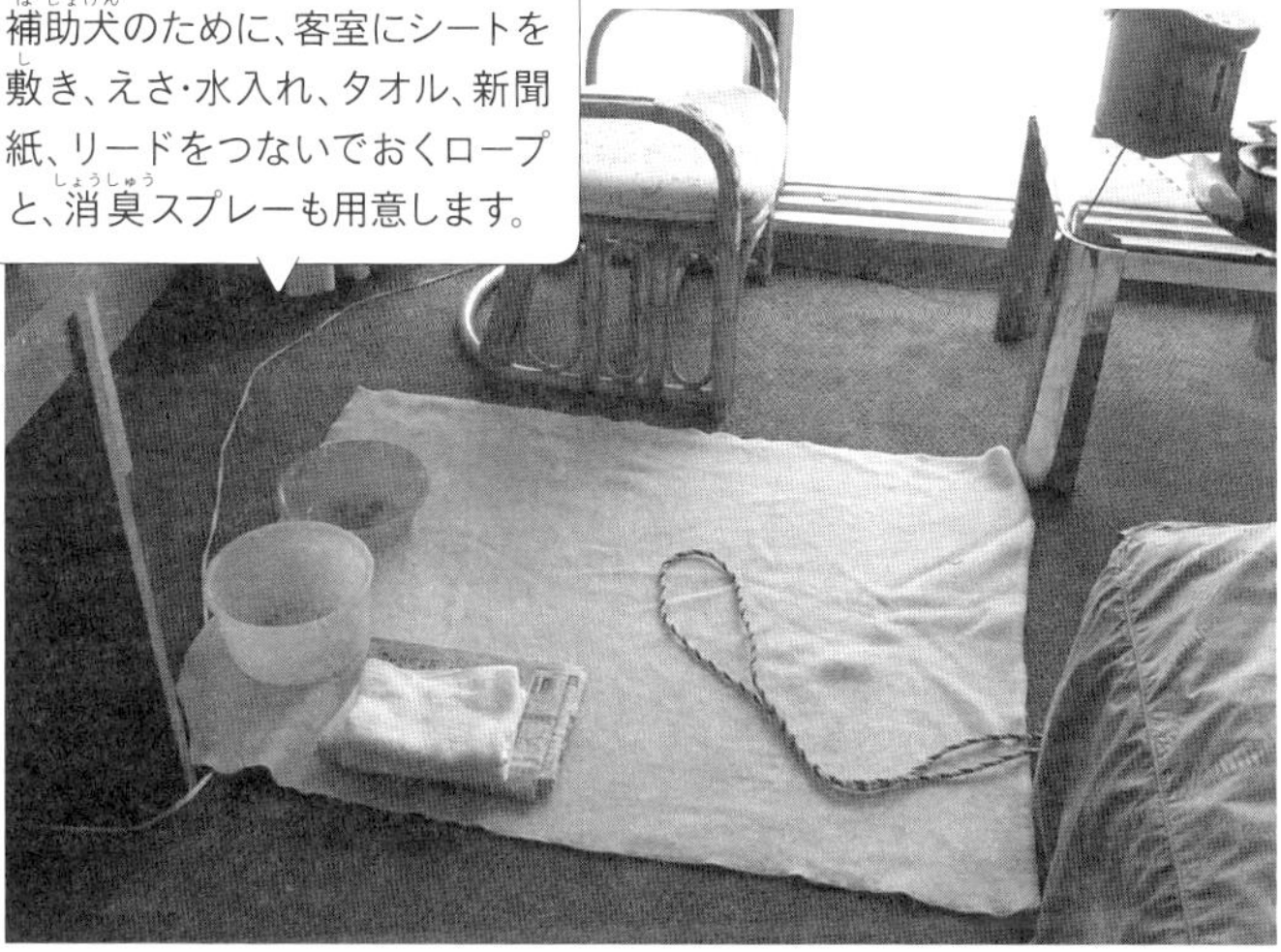

ホテルの外にある、補助犬《ほじょけん》の排泄《はいせつ》場所「1《ワン》 - 2 処」。「1 - 2」は、犬に排泄《はいせつ》させるときかける言葉。「1《ワン》」は小便、「2《ツー》」は大便。

二メートル四方の広さと、洗い流すための水道さえあれば、ホテルの外のコンクリート敷《じ》きの場所でも可能《かのう》だということがわかりました。また、部屋には盲導犬《もうどうけん》のリードをつないでおくロープなども必要だということを知りました。

聴覚障害《ちょうかくしょうがい》のある人たちにも、積極的《せっきょくてき》に泊《と》まりに来てもらえるように、くふうしました。当時は手話《しゅわ》ができる従業員《じゅうぎょういん》は何人もいませんでしたが、聴覚障害《ちょうかくしょうがい》のある人とは、筆談《ひつだん》でコミュニケーションをとることもできます。市販《しはん》されている筆談器《ひつだんき》は高額《こうがく》だったので、壁紙《かべがみ》を使って、手作りの筆談器《ひつだんき》を作りました。

表面がツルツルしている壁紙に、ホワイトボード用のペンで書けば、何度でも消したり書いたりできます。秋元さんは、自分たちの持ちやすい大きさに壁紙《かべがみ》を切り、ひもでフェルトの「消しゴム」を付けて、従業員《じゅうぎょういん》に持たせました。壁紙《かべがみ》の裏《うら》に、きれいなもようの紙を貼《は》れば、楽しく使うことができます。

ほかにも、秋元さんは、手先の器用さを生かして、バスキャリーやステップなど、百円ショップやホームセンターで見つけてきた素材《そざい》で、さまざまなバリアフリーグッズを考案しました（120〜121ページ参照《さんしょう》）。

ホテルに併設《へいせつ》されていたボーリング場では、パイプを組み合わせて、ボールシューターも作りました。ボールを投げる動作ができない車いす利用者や、力のない子どもでも、滑《すべ》り台《だい》の上から玉を転がすように、スロープの上からボールを転がすことができるのです。

ボールを持ちやすくするために、指を入れる三つの穴《あな》を、ためしにドリルで通常《つうじょう》より大きくしたら、障害者《しょうがいしゃ》レーンだけではなく、通常《つうじょう》のレーンでも使われていました。「障《しょう》害《がい》のある人が使いやすいものは、障害《しょうがい》のない人にも使いやすいのだ」と気づいた瞬間《しゅんかん》でした。子どもが持ちやすいように、五本指が入る五つの穴《あな》が開いたボールも作りました。

「みんなで知恵《ちえ》を出し合ってグッズを作ったのが、なにより楽しい思い出でした。お金がないからできないとあきらめないで、使い勝手のよいものを自分で考えるということも大事だと思います。ホテルだけでなく、観光地や旅行会社の人も、手作りグッズでお客さんを呼《よ》ぶことはできるんです」

持ち運び・家庭用には
簡易ステップ
ガムテープ
コンクリートブロック形の
発泡《はっぽう》スチロール3つをはり合わせる
すのこなので
体を洗っても
水が流れる
手でこいで移動《いどう》

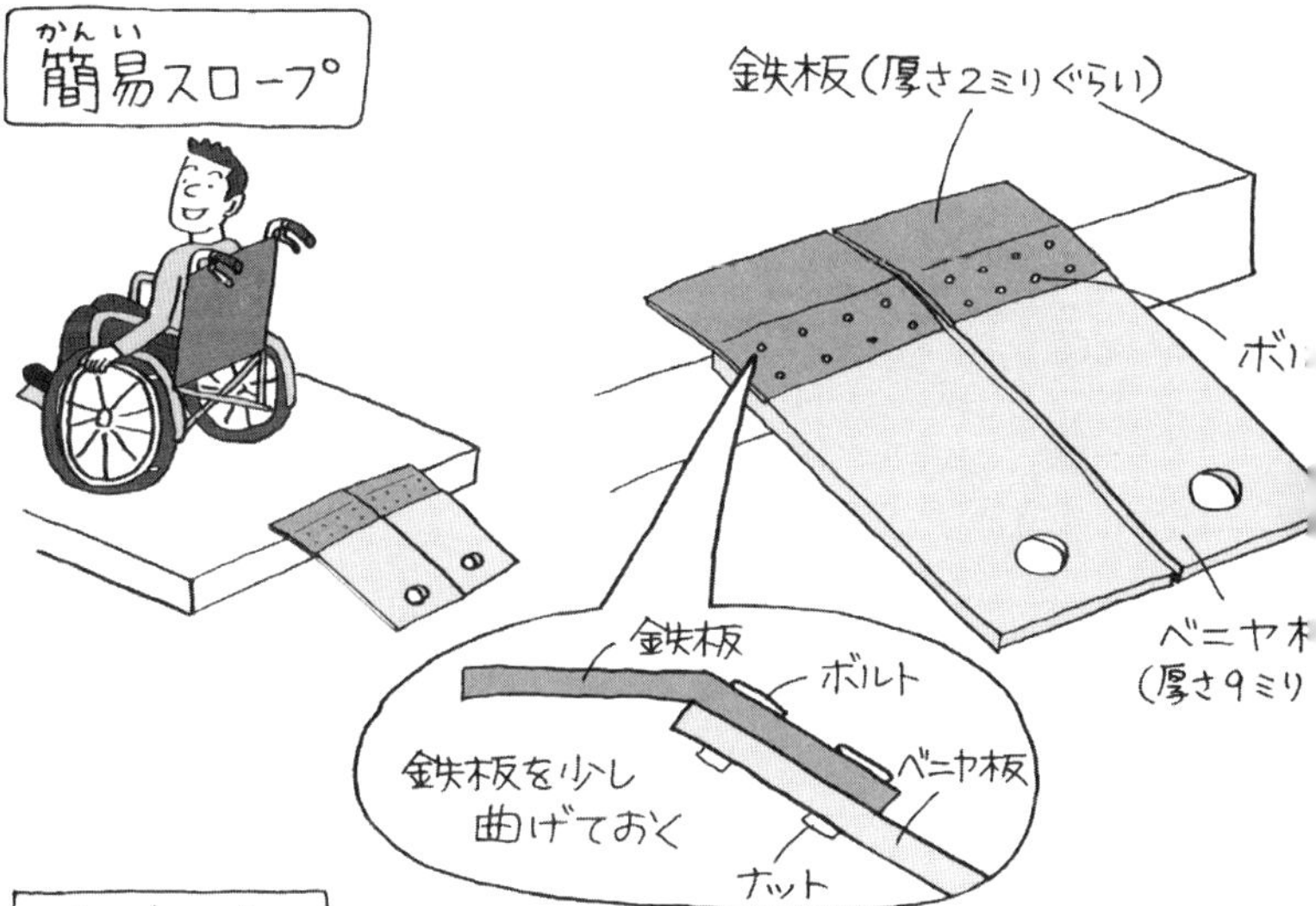
簡易《かんい》スロープ
鉄板（厚さ2ミリぐらい）
鉄板
ボルト
鉄板を少し曲げておく
ベニヤ板
ナット

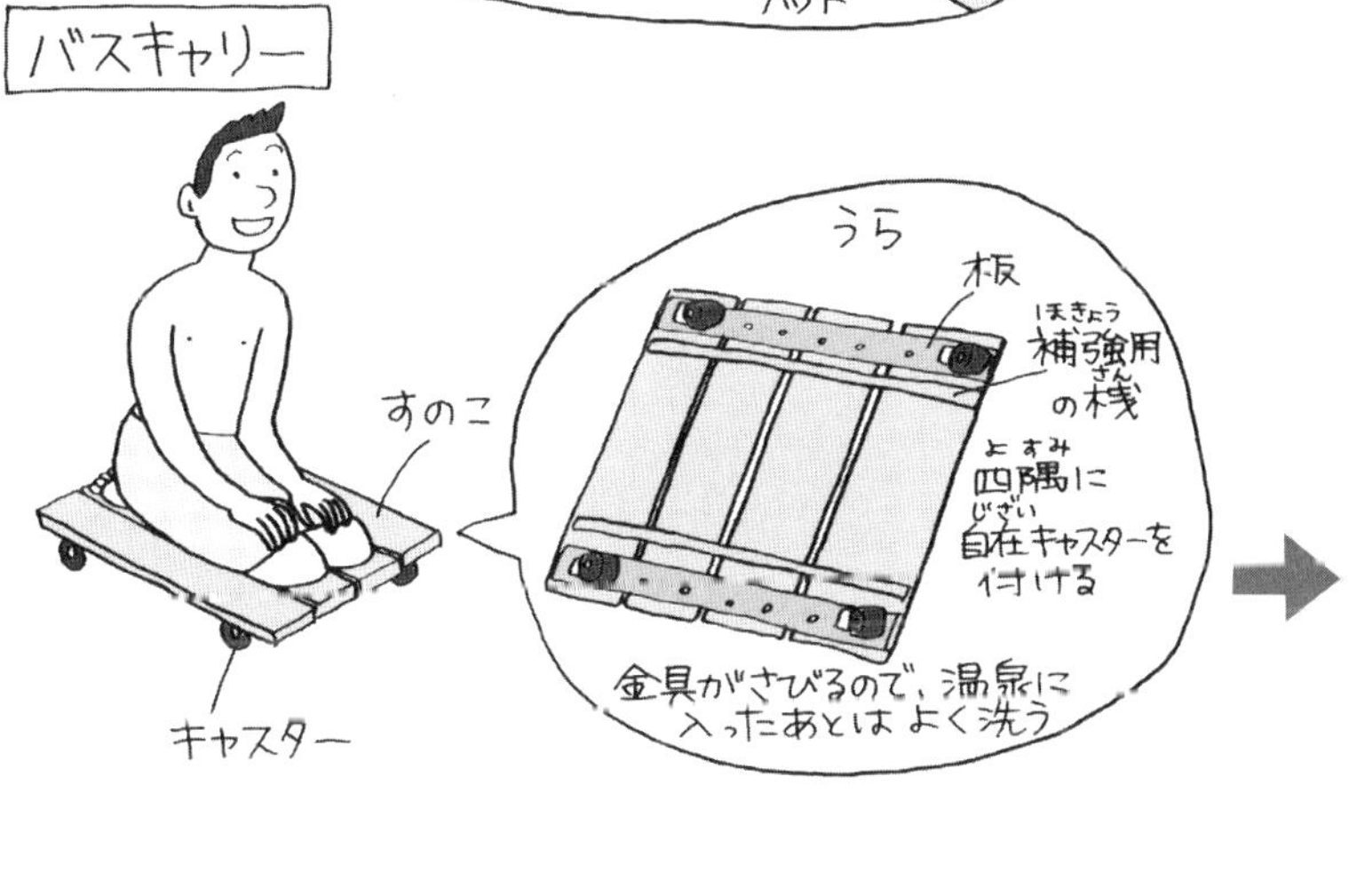
バスキャリー
すのこ
キャスター
うら
板
補強用《ほきょう》の桟《さん》
四隅《よすみ》に自在《じざい》キャスターを付ける
金具がさびるので、温泉に入ったあとはよく洗うそうはいっても、手作りすることができないものもあります。それがトイレです。障害者《しょうがいしゃ》や高齢者《こうれいしゃ》にとって、もっとも重要なトイレは、工事のときに、大きさや間口の広さ、手すりの位置など、利用者の意見を聞き、ともに検証《けんしょう》を重ねました。

当時、バリアフリートイレは高額《こうがく》で情報《じょうほう》も少なく、ましてや現在《げんざい》のように二メートル四方という大きさの規定《きてい》もありませんでした。そこで、当時普及《ふきゅう》していた車いすの車種と照らし合わせて、なるべく多くの人に使ってもらえるものを考えました。

また、秋元さんたちはいろいろなお客さんと接《せっ》するうちに、人工肛門《こうもん》や人工膀胱《ぼうこう》を使用している「オストメイト」とよばれる人に対応《たいおう》する設備《せつび》も、トイレには必要だと知ります。ホテルにオストメイト対応《たいおう》のトイレが導入《どうにゅう》されたのは、この土浦《つちうら》のホテルが日本で最初だったそうです。

パーフェクトと思っていたら「こてんぱん」に

そんなふうに土浦《つちうら》のホテルで試行錯誤《しこうさくご》をくり返した成果は、犬吠埼《いぬぼうさき》のホテルの増築《ぞうちく》・改修時《かいしゅうじ》に生かされました。さらに、犬吠埼《いぬぼうさき》ほか四つのホテルで生まれた課題をすべてひっくるめて、完全バリアフリー対応《たいおう》で新築《しんちく》されたのが千葉《ちば》のホテルでした。千葉《ちば》では、設備《せつび》だけでなく、これまでの従業員《じゅうぎょういん》の経験《けいけん》を生かし、さまざまな障害者《しょうがいしゃ》に対応《たいおう》するためのサービスを徹底《てってい》しました。

たとえば、耳が不自由なお客さんには、フロントで筆談《ひつだん》します。各部屋にはノックセンサーが付けられ、ノックをすると光で知らせてくれるシステムにしました。そのような成果が認《みと》められ、京成《けいせい》ホテルは二〇〇三年度にバリアフリー推進化功労者表彰《すいしんかこうろうしゃひょうしょう》で、内閣総理大臣賞《ないかくそうりだいじんしょう》を受賞《じゅしょう》します。

「障害《しょうがい》のある利用者の協力とわたしたちの努力《どりょく》が認《みと》められて、とてもうれしかったです。パーフェクトだと思っていました。ところが、喜びもつかの間、見学に来た当事者の人に『こてんぱんにされて』しまったんですよ」

秋元《あきもと》さんがとくによく覚えているのが、リウマチ（おもに関節《かんせつ》が痛《いた》む病気）の人の意見です。リウマチの人は、ドアノブをひねって開ける動作がたいへんだし、重いものを持つ力がなく、立っているのもつらいといいます。言われてみるまで想像《そうぞう》ができなかった状態《じょうたい》でした。

「それまで、自分たちでやれることをやって、一つずつ不便を解消《かいしょう》するという方法を、徹底《てってい》してやっていました。でも、想定していなかった人たちのことは、まったく手薄《てうす》だったんです。ショックでした」

それに加えて、元気で雄弁《ゆうべん》な障害者《しょうがいしゃ》と、お酒を飲みながら話をすることが多かった秋元さん。自分の意見を積極的《せっきょくてき》に言える障害者《しょうがいしゃ》もいますが、そうでない人もいます。「そういった人への配慮《はいりょ》がまだまだ欠けていた」と、当時をふり返ります。

障害者《しょうがいしゃ》から話を聞くことは、もちろん大切なことです。しかし、それと同時に、きちんとした知識《ちしき》や学問的な裏付《うらづ》けがなければ、バリアフリーホテルとしては不足が出てきてしまいます。秋元さんは、「実際《じっさい》の話だけでなく、『学問』もやっぱり必要なんだ」と感じました。

犬吠埼《いぬぼうさき》のホテルの露天風《ろてんぶ》呂《ろ》（5ページ参照《さんしょう》）。ここからは水場用車いすを押《お》して、入ってもらいます。別に、手すりとステップのある場所もあります。

千葉《ちば》のホテルのクローゼット。長めのS《エス》字フックをかけて、車いす利用者の手が届《とど》くようにします。

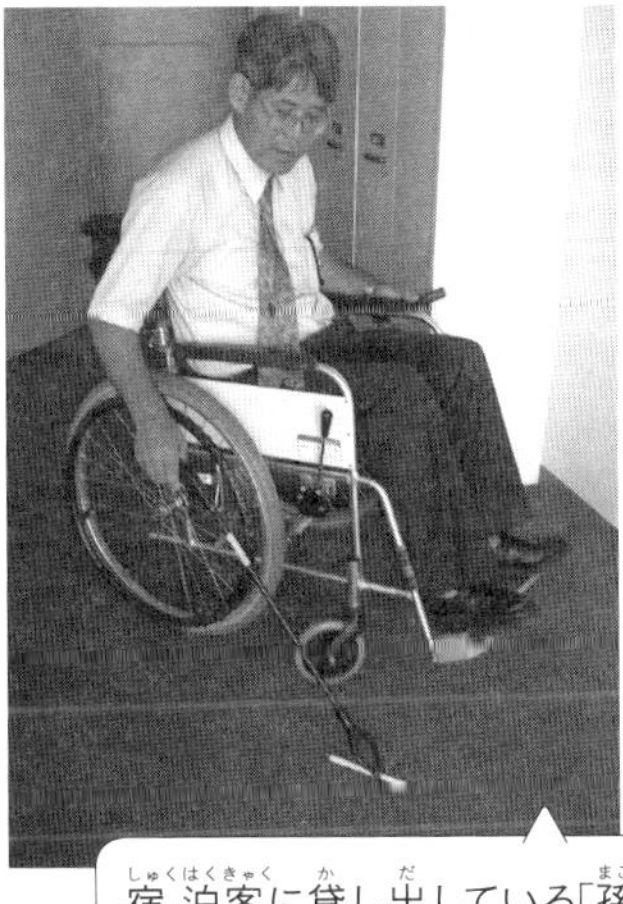

宿泊客《しゅくはくきゃく》に貸《か》し出《だ》している「孫《まご》の手《て》」（リーチャー）。車いす利用者が、高いところや、床《ゆか》の上の物を取るときに便利です。

そこで、旅行業界やホテル業界の人がバリアフリーの情報交換《じょうほうこうかん》をする場や、バリアフリーに関する住宅改造《じゅうたくかいぞう》の勉強会などに参加するようになりました。勉強会は、現場《げんば》とはまったくちがう、とても新鮮《しんせん》なものでした。

たとえば、手すり一つをとっても、専門家《せんもんか》の研究は緻密《ちみつ》でした。付ける位置や形、角度など、素人《しろうと》ではわからないことや、何歳《さい》のどんな障害《しょうがい》のある人が、こういう形の手すりを必要としているというような、たくさんの研究成果を聞くことができました。

その結果、各種の障害《しょうがい》のある人に対応《たいおう》できるようにするには、軽く動き、げんこつやひじなどで動かせるようにするくふうが必要だと知りました。また、知的《ちてき》な障害《しょうがい》がある人には、ピクトグラムと呼《よ》ばれるわかりやすいイラストのマークで、「レストラン」など、どういう場所なのかを示《しめ》したり、文字を大きくするなどの配慮《はいりょ》が必要だと気づきました。

また、ホテルは旅行先の楽しみの一つである場所です。魅力的《みりょくてき》なデザインの問題も見すごすことができません。たとえ便利な機能《きのう》があっても、家と同じようなつくりでは、だれもホテルに来てくれないからです。多少の不便はあっても、ホテルの雰囲気《ふんいき》を楽しみたいというお客さんの気持ちにも、こたえなければなりませんでした。

そうして勉強していくうちに、秋元さんは「ガイドヘルパー」「福祉住環境《ふくしじゅうかんきょう》コーディネーター三級」や「ホームヘルパー二級」、「福祉《ふくし》用具専門《せんもん》相談員」などの福祉《ふくし》関連の資《し》格《かく》もとりました。バリアフリーについてくわしい福祉《ふくし》機器をあつかう業者さんと話すためには、自分も知識《ちしき》をもっていなければならなかったからです。

なにも知らないで専門家《せんもんか》のところに行っても、その分野について素人《しろうと》であるホテルの人間に、なかなか知恵《ちえ》は授《さず》けてもらえません。自分たちがある程度《ていど》の知識《ちしき》をもっていることが相手にわかれば、困《こま》ったときに相談に乗ってくれるのだそうです。

改善《かいぜん》し続けて、だれにでも使いやすいものに

それらの知識《ちしき》を蓄《たくわ》えていくうちに、秋元《あきもと》さんはあることに気づきました。それは、「継続《けいぞく》して改善《かいぜん》し続けることが大事」ということです。

そもそも、こんなにたくさんの人が生きている世の中で、だれにとっても完璧《かんぺき》に使いやすい建物をめざすというのは、あまりにたいへんなことではないでしょうか。

「手すりだって、使う人それぞれにとって好ましい位置や場所があります。でも、ホテルでは、だれか特定《とくてい》の人に向けたものを作ってはだめなんです。だったら、だれにでも平均的《へいきんてき》に使いやすいものを作ればいい。つまり『ユニバーサルデザインなもの』ということですね。

それでも不便という場合には、従業員《じゅうぎょういん》が考えて、おもてなしすればよいことです」

ホテルにとって、だれもが使いやすい建物を作ることはとても大切です。とはいえ、どんなにお金をかけても、だれにとっても百パーセント完全なバリアフリーの設備《せつび》というのは存在《そんざい》しません。

そう考えると、自分だけが使いやすい設備《せつび》を求めてくるお客さんには、「それはできませんが、ご相談させてください」と言うことも、ホテルの役割《やくわり》です。大事なのは、それぞれのお客さんとホテル側が歩《あゆ》みよって、どこかの地点で手をつなぎ、おたがいの心のバリアを取りのぞいていくことなのです。

「心のバリアフリーができなければ、けっきょくは設備《せつび》のバリアフリーも生まれません。今すぐ設備《せつび》を改善《かいぜん》することができないなら、改善点《かいぜんてん》を蓄《たくわ》えて、何年後かに実現《じつげん》すればいいだけです。『設備《せつび》がないから受け入れない』というのは、一番してはいけないことです。

ないものはないけれど、その時点で、従業員《じゅうぎょういん》ができる精一杯《せいいっぱい》のサービスを提供《ていきょう》すること。そして、その姿勢《しせい》を変えずにやり続けることが、もっとも必要なことなんです」

いまだに小さな旅館やホテルでは、「設備《せつび》がないから」と障害《しょうがい》のある人を拒絶《きょぜつ》してしまっていることが多いそうです。障害者《しょうがいしゃ》と出会った経験《けいけん》がない、あるいはなにかいやな思い出があるために、どう対応《たいおう》してよいかわからないからです。そういう姿勢《しせい》をとっているかぎりはなにも前に進まない、まずは話をしてみてほしい、と秋元さんは言います。

障害者《しょうがいしゃ》を受け入れられないのは、障害《しょうがい》のある人すべてをひとくくりにして、なにか異《い》質《しっ》なもの、と考えているからなのかもしれません。同じような障害《しょうがい》のある人でも、それそれ考え方がちがう。それは、障害《しょうがい》のない人とまったく同じことだということは、実際《じっさい》にコミュニケーションをとってみないと、なかなか発見できないことです。

発見は共有する。ひとりじめしない

京成《けいせい》ホテルでは、今でも毎日、さまざまな発見をしています。

当初、全盲《ぜんもう》の人のために、テレビのリモコンのスイッチのボタンすべてにベタベタ点字を貼《は》ったことがありました。ところが、全盲《ぜんもう》の人は、実際《じっさい》には、電源《でんげん》とチャンネルのアップダウンがわかれば十分なのだそうです。エアコンのリモコンも、電源《でんげん》と温度を変えるボタンだけに点字が付いていればわかります。なんでも点字を貼《は》ってしまうと、逆《ぎゃく》にわかりづらくなってしまうというのです。

レストランのメニューにも点字を貼《は》っていますが、「料理の名前だけ点字が貼《は》ってあっても、どんな料理かわからない」と言われたことがありました。それもそのはずです。

わたしたちはふつう、メニューに載《の》っている写真の情報《じょうほう》を見て、中になにが入っているのか理解《りかい》して注文しています。メニュー名だけで、料理の写真も店の雰囲気《ふんいき》も見ることができなかったら、なにを頼《たの》もうか迷《まよ》ってしまうにちがいありません。

そこでさっそく、料理の名前を補《おぎな》うために、料理の味や色、入っている材料などの情《じょう》報《ほう》も、点字表記しました。そのうえで、メニューの説明もするようにしました。

また、知的障害《ちてきしょうがい》のある子どもがいる家族が泊《と》まりに来《き》て、レストランで夕食を楽しんだことがありました。知的障害《ちてきしょうがい》のある子ども連れの場合、ほかの客に迷惑《めいわく》をかけないよう、部屋で食べることにする家族も多いようです。でも、せっかくホテルに来たのだから、と希望《きぼう》があったのです。従業員《じゅうぎょういん》はもちろん断《ことわ》ったりせず、家族が遠慮《えんりょ》なくすごせるように、壁際《かべぎわ》の端《はし》の席をとり、食べ物を散らかしたりしても気がねしなくていいよう、テーブルの下にはシートを敷《し》きました。

また、現在《げんざい》、社会的にも問題になっているのが聴覚障害《ちょうかくしょうがい》のある人たちへの非常《ひじょう》放送です。寝《ね》ているときに火事などがあったときに、非常《ひじょう》放送が聞こえなければ、どうすることもできません。そのため、京成《けいせい》ホテルでは、宿泊客《しゅくはくきゃく》に、耳が聞こえない場合には、かならず申告《しんこく》してくださいとお願いしています。そうすれば、非常《ひじょう》の際《さい》に、各自の携帯《けいたい》電話、またはホテルが貸《か》し出《だ》す携帯《けいたい》電話に、メールで非常時連絡《ひじょうじれんらく》を流すことができるからです。

こういったことは、お客さんを受け入れ、話をしていくうちに、だんだんと蓄《たくわ》えられていった知恵《ちえ》です。

従業員《じゅうぎょういん》たちは、いままで出会ったことのない障害《しょうがい》のあるお客さんがホテルに来たときには「小学生に教えるようにわかりやすく、わたしたちに教えてくださいと」と、あらゆる不便なことを聞くようにしています。

そして、こういった経験《けいけん》を京成《けいせい》ホテルグループのすべての従業員《じゅうぎょういん》が共有できるようにしています。各ホテルにバリアフリー担当者《たんとうしゃ》を設《もう》けて、障害《しょうがい》のあるお客さんが来たときは、その人が積極的《せっきょくてき》に対応《たいおう》し、その経験《けいけん》を合同会議の場で共有していくのです。

「それぞれの従業員《じゅうぎょういん》の経験《けいけん》は、一つとしてダブることはないんです。似《に》ていても、フロントで、聴覚障害《ちょうかくしょうがい》のあるお客さんには、筆談《ひつだん》器《き》に「いらっしゃいませ」と書いて迎《むか》えます。

聴覚障害《ちょうかくしょうがい》のある宿泊《しゅくはく》客《きゃく》に、着信を光と振動《しんどう》で知らせるファックスや、筆談器《ひつだんき》を貸《か》し出《だ》します。

非常時《ひじょうじ》に、振動《しんどう》して知らせる「ベッドシェイカー」。枕《まくら》の下に入れておきます。目覚ましにも使います。

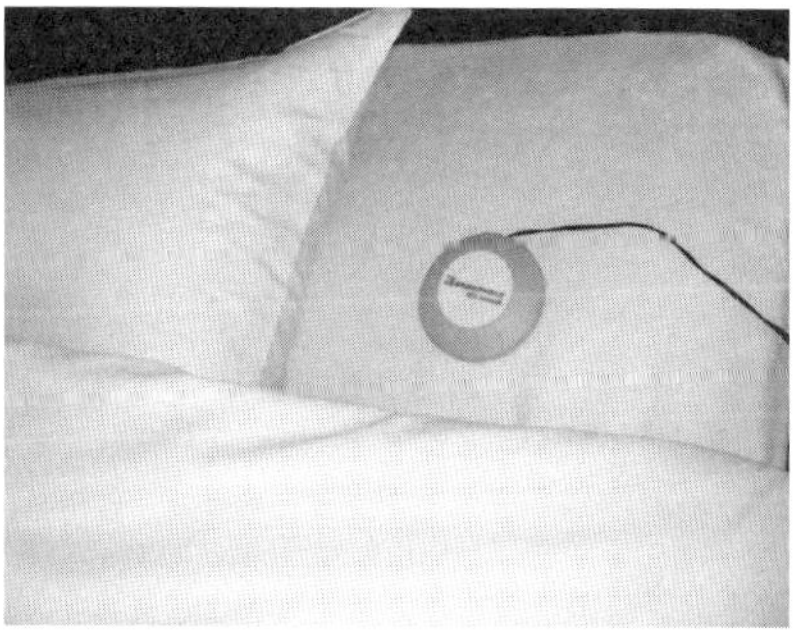

ちょっとしたところが全部ちがう。どんなに小さなことでも、ヒントになるんです」

さらに、京成《けいせい》ホテルでは、自分たちが経験《けいけん》したことを「ひとりじめ」にしません。多くのホテルを改装《かいそう》してきたノウハウなどを、他社にも惜《お》しみなく提供《ていきょう》するそうです。

「わたしたちが情報《じょうほう》を流せば、ほかのホテルが学ぶ時間が省《はぶ》けるでしょう。そうすればお客さんもすぐに利用できるようになるし、こんなにいいことはない」

他社との競争《きょうそう》なんてどうってことない、と秋元さんは言います。競争《きょうそう》を一番に考えているうちは、お客さんの気持ちを第一に考えることができないからです。こういったことの積《つ》み重《かさ》ねは、ホテルの雰囲気《ふんいき》を確実《かくじつ》によいものにしていきます。それは、設備《せつび》にお金をかけるだけでは、けっして得られないものです。

相手に飛びこんでみる きっと楽しさが見つかる

秋元《あきもと》さんは長年のホテルでの経験《けいけん》を生かし、出身地の土浦《つちうら》のマリーナで働くことを選びました。

「じつは高校時代、ヨット部でね。そのあととったスポーツ指導員《しどういん》の資格《しかく》が、今になって役立っているんです。当時から、レースよりは船の修理《しゅうり》や改造《かいぞう》が好きでしたね。高校時代の仲間たちは、マリーナで行われるイベントのスタッフとして、手伝いに来てくれるんですよ」

秋元さんは、マリーナは観光客だけでなく、本来、地域《ちいき》の人々に利用されるものだからこそ、バリアフリーを進めていくことが大切だと考えています。地域《ちいき》のためにできることをして、地元を活性化《かっせいか》していきたいというのが、秋元さんの新たな目標です。

「どんな職業《しょくぎょう》に行こうと、なにしようと、バリアフリーはいつでもどこでも、思い立ったらできるんです。それがわたしの考え方です」

マリーナでも、こんなバリアフリーを実行に移《うつ》しました。

筑波山《つくばさん》を望む風景が見られる人気のクルージングも、春や夏にくらべると、冬には、お客さんがぐっと減《へ》ってしまいます。しかし、冬は、霞ヶ浦《かすみがうら》にカモメがやってくる楽しいシーズンでもあります。

そこで、秋元さんたちは、子どもたちにカモメを見せてあげたいと考えて、クルーザー内にテーブル型のこたつを作ることにしました。暖《あたた》かいこたつで、みかんを食べながらクルージングできると聞いて、孫《まご》を連れたお年寄《としよ》りのお客さんが増《ふ》えました。いすに座《すわ》るタイプのこたつにしたことで、マリーナに行こうとは思わなかった車いすのお年寄《としよ》りも、クルーズを楽しむことができたのです。

「よく『秋元さん、楽しんでやってるでしょ？』って言われるんですけど、その通りなんです。バリアフリーと聞くと、なんだかむずかしいことに思えますが、けっしてそんなことはありません。同じ立場になって、楽しめばよいのです」

むずかしそうとか、めんどうくさそうと敬遠《けいえん》せずに、まずは相手に飛びこんでみること。秋元さんがそう考えるようになったのは、大学卒業後《そつぎょうご》、はじめて仕事をした栃木《とちぎ》県・奥那須《おくなす》の旅館での経験《けいけん》が大きいと言います。

フロント係の秋元さんの仕事は、下足番《げそくばん》、売店、掃除《そうじ》から事務《じむ》まで、なんでもこなす

「番頭《ばんとう》さん」でした。しょっぱなにぶちあたった壁《かべ》が、調理場を仕切る、その道四十年の板前さんとの関係でした。料理の伝票を厨房《ちゅうぼう》に通しても、時間が遅《おそ》かったり、きげんが悪かったりすると、料理を作ってもらえなかったと言います。

「今思うと、わたしが厨房《ちゅうぼう》のことをなにも知らずに働いていることが、癪《しゃく》に障《さわ》ったのかもしれませんね。突破口《とっぱこう》は、自分も厨房《ちゅうぼう》の人間となって働いてみることでした」

秋元さんはフロントの仕事の合間を見ては、調理場に通うようになりました。最初は洗《あら》い物《もの》、そのうち調理もするようになり、川魚のアユやマスも焼いたそうです。

そこでわかったことは、魚の鮮度《せんど》は、見た目だけでなく、握《にぎ》ったときの感覚でわかるということでした。金串《かなぐし》を刺《さ》して焼いても、くにゃっとした感触《かんしょく》の魚は、たとえ見た目がきれいでも、焼いているうちに身が崩《くず》れてきてしまうのです。

「人と人が握手《あくしゅ》をすることの意味が、そのときわかったような気がした」

と、秋元さんは言います。

魚に慣《な》れると、だし入りの卵焼《たまごや》きにも挑戦《ちょうせん》するようになりました。大きな銅製《どうせい》の重い卵焼き器で十五個分の卵を入れて焼くのですが、うまくひっくり返すことができません。見かねた厨房《ちゅうぼう》の女性《じょせい》が、卵焼《たまごや》きの代わりに、ぬれた手ぬぐいを折ったものを載《の》せて練習するやり方を教えてくれました。

毎日やっていると、割《わ》ったときの色、盛《も》り上《あ》がり具合のちがいで、卵《たまご》の鮮度《せんど》を見きわめられるほどになりました。その甲斐《かい》あって、板前さんも、新人の秋元さんを仲間として認《みと》めてくれるようになったのです。

「相手を理解《りかい》するためには、飛びこんでやってみることが大切ですよね。そして、やってみれば、どんなことにも楽しさが見つかるはずです。

バリアフリーだって同じこと。なにも行動をせずに口だけでバリアフリーは大切ですなんて言っていたら、気分を悪くする人だっています。でも、こちらが楽しんでやっていれば、障害《しょうがい》のある人も、きっと歩《あゆ》みよってきてくれるはずです」

ちがいに出会えば出会うほど

外国からの旅人をむかえる
小さな旅館

「リリーン」と、フロントの電話が鳴り、ご主人の澤功《さわいさお》さんが受話器を取りました。

「ホエン？　イエス、ウィー、ハブ、ア、ルーム」

どうやら、外国のお客さんから、予約の電話のようです。

澤さんの英語は、けっして流暢《りゅうちょう》な発音ではありません。難《むずか》しい表現《ひょうげん》も何一つありません。中学生レベルの簡潔《かんけつ》な単語で話し終え、受話器を置きました。

ここは、下町情緒《したまちじょうちょ》の残る、東京《とうきょう》・谷中《やなか》にある「澤《さわ》の屋《や》旅館」。三階建て、全十二部屋の、家族で経営《けいえい》する小さな日本旅館は、ほぼ毎日、外国からのお客さんで満員となります。お客さんの中には、十泊《ぱく》、二十泊《ぱく》と連泊《れんぱく》する人もたくさんいます。

中学生レベルの英語で十分通じる

みなさんの中には、「幼稚園《ようちえん》のときから英会話教室に通っている」という人や「将来《しょうらい》、外国の人と接《せっ》する仕事に就《つ》きたいから英語をがんばっている」という人もいることでしょう。そんなみなさんは「宿の人が英語が得意じゃなくて、外国人のお客さんを受け入れられるの？」と思うかもしれません。

ところが、澤《さわ》さんは、実際《じっさい》に外国からのお客さんと接《せっ》してみて「いちばん障害《しょうがい》にならなかったのは言葉だった」と言うのです。

「外国のお客さんに来てもらうために、世界中のたくさんの言葉を、いちいち覚えていたらたいへんです。だから、うちは英語だけ。それも、ごく簡潔《かんけつ》な単語だけで、十分通じるんですよ」

澤《さわ》の屋《や》が外国人客を受け入れ始めたころは、朝食をとるかどうか、「ウッド、ユー、ライク、ブレックファースト？」と聞いていました。当時中学生だった澤さんの長男の英語の教科書を参考にした、きちんと文法《ぶんぽう》に則《のっと》った文章です。でも、長い文章にすればするほど、相手には通じませんでした。そこで、とにかく単語だけでもと、ただ「ブレックファースト？」と大きな声で聞いてみました。すると、相手にもよく伝わるようになったのだそうです。

二十七年間、外国人のお客さんを受け入れてきて、そのやり方で困《こま》ったことはほとんどありません。今でも、まずは伝えたい単語が口から飛び出し、それに動詞《どうし》を付けて、あとは身振《みぶ》り手振《てぶ》りでコミュニケーションをとります。そうしていると、ときに、「ユア、イングリッシュ、イズ、グッド（あなたの英語はわかりやすい）」とほめられることもあるそうです。

廃業寸前《はいぎょうすんぜん》の危機《きき》 外国人客を受け入れる

じつは、澤《さわ》の屋《や》旅館が外国のお客さんを受け入れるようになったのは、だんだんと日本のお客さんが減《へ》ってきたためでした。部屋にトイレもお風呂《ふろ》も付いていない和室ばかりの小さい家族旅館は、台頭《たいとう》してきたビジネスホテルに押《お》され、日本人のニーズに合わなくなってきていたのです。

「それなら、うちみたいに外国のお客さんに来てもらえばいいよ」と、すでに外国人客の受け入れを始めていた、新宿《しんじゅく》のやしま旅館の矢島恭《やしまきょう》さんが、澤《さわ》さんにすすめてくれました。矢島さんは、外国人を受け入れようという宿《やど》の人たちによびかけて「ジャパニーズ・イン・グループ」をつくり、英語で情報《じょうほう》を発信するなどもしていました。

しかし、澤さんはすぐに決断《けつだん》することができませんでした。理由は二つありました。まず言葉がわからないということ。そして、日本のお客さんが来てくれなくなったのに、外国の人が和式の旅館に来てくれるはずがないと思っていたからです。

澤さんは、外から旅館をささえようと、ホテルの宴会場《えんかいじょう》の手伝いや、どんぶり屋のアルバイトなどをしたこともありました。結局それでは収入《しゅうにゅう》をささえられず、お客さんも減《へ》るばかりでした。

悩《なや》んでいるうちに、一九八二年の夏、ついにお客さんがゼロの日が三日間続きました。「このままでは、ほんとうにつぶれてしまう」と追いつめられた澤さんは、やしま旅館を訪《たず》ねてみました。

やしま旅館は、澤《さわ》の屋《や》旅館と同じような小さな日本旅館でした。しかも、矢島さんがしゃべっているのは「ウィー、ハブ、ア、ルーム」や「オーケー」など、とても簡単《かんたん》な英語だったのです。

「それぐらいの英語でだいじょうぶなら、うちでも受け入れられるんじゃないかと自信がついたんです」

フランス語ができなくても「いい旅館《りょかん》だった」

言葉については、こんなエピソードもあります。

澤《さわ》の屋《や》旅館に近い、上野《うえの》の東京芸術大学《とうきょうげいじゅつ》に留学《りゅうがく》しているフランス人の若《わか》い女性《じょせい》が、ある日、「両親が一か月、東京見物に来るから泊《と》めてほしい」とやってきました。「フランス語は話せないし、辞書《じしょ》もない。どうしよう」と、澤《さわ》さんと奥《おく》さんは困《こま》りましたが、日本語ペラペラの娘《むすめ》さんが、毎日来てくれるにちがいないと、その老夫婦《ろうふうふ》を迎《むか》えることにしました。ところが翌日《よくじつ》、両親を連れてきた娘《むすめ》さんは「お願いします」と言うと、すぐに帰ってしまいました。

老夫婦《ろうふうふ》は、その日は旅の疲《つか》れですぐに寝《ね》てしまったようでした。翌朝《よくあさ》、老夫婦《ろうふうふ》が食堂に来て、座《すわ》っていました。そして、澤さんの姿《すがた》を見つけると、ニコニコしながら隣《となり》のお客さんが食べているスクランブルエッグを指さします。「これが食べたいんだな」と、澤さんが朝食を出すと、きれいにたいらげて出かけていきました。夕方になると、老夫《ろうふう》婦《ふ》が帰ってきて、お風呂《ふろ》のそばに立ってフロントのほうを見ています。澤さんは今度は「お風呂《ふろ》に入りたいんだな」と思ってバスタオルを渡《わた》すと、二人はお風呂《ふろ》に入りました。

するとまた翌朝《よくあさ》、老夫婦《ろうふうふ》が食堂に座《すわ》って、ニコニコしているのです。それから毎日、澤さんは朝になるとスクランブルエッグ、夕方にはバスタオルを用意することをくり返しました。一か月たったころ、宿泊代《しゅくはくだい》と朝食、それぞれいくらと数字だけ書いて見せました。わかってもらえるか不安でしたが、老夫婦《ろうふうふ》はそのとおりに払《はら》ってくれて、ニコニコしながら帰っていったそうです。その間、娘《むすめ》さんはまったく姿《すがた》を現《あらわ》しませんでしたが、老夫婦《ろうふうふ》が帰国した数日後、やっと澤《さわ》の屋《や》旅館を訪《たず》ねてきました。

『澤さん、どうもありがとう』と言うんです。ご両親が『澤《さわ》の屋《や》はとってもいい旅館だ』と言ってたって。でも、よく考えてみたら、一か月も泊《と》まってもらったのに、会話なんて一回もしなかったんです。それでもいい旅館だって言ってもらえるのですから、言葉なんて、できてもできなくても、どっちでもいいんじゃないかなと思いました」

言葉はできなくてもコミュニケーションをとることはできます。でも、こちらがお客さんのことをいやだなと思ったり、差別の心をもっていると、言葉ができないぶん、相手は敏感《びんかん》に察知《さっち》する、と澤さんは言います。無意識《むいしき》のうちに、目をそらしたり、体が逃《に》げたり、ひそひそ話をしたりしてしまうのです。そうすると、お客さんは「ここの旅館はわたしたちを歓迎《かんげい》していない」と、感じます。

澤さんは、廃業寸前《はいぎょうすんぜん》の切羽《せっぱ》詰《つ》まった状況《じょうきょう》で外国のお客さんを受け入れたため、最初から国籍《こくせき》もなにも関係なく、欧米《おうべい》の人には高い料金でアジアの人だから安くする、などということもしませんでした。

「一番大切なのは、おもてなしの心です。ようこそいらっしゃいましたっていう気持ちですよね。そういって、英会話を勉強しないことのいいわけにしている部分もありますけどね」

澤さんは、外国人のお客さんがたくさん来るようになり、英語がだいぶ聞き取れるようになったころ、好きな西部劇《せいぶげき》の映画《えいが》を、字幕《じまく》を見ずに英語を聞き取ってみようとしました。ところが、なにを言っているか、ぜんぜん聞き取れないのです。

「そのとき気づきました。ふだんわたしは旅館で、お客さんの言っていることをなんとか理解《りかい》しようと、必死になって聞き取っている。相手の表情《ひょうじょう》も見ながら、身振《みぶ》り、手《て》振《ぶ》りもまじえて。だからわかるんだ、って」

日本旅館の伝統《でんとう》にこだわりすぎない

澤《さわ》の屋《や》旅館で、実際《じっさい》に外国からのお客さんを受け入れ始めると、日本旅館の伝統的《でんとうてき》なやり方を見直さなければならない場面も出てきました。

「トラブルがあるたびに、やり方を変えているだけなんですよ」

澤《さわ》さんが、お客さんがチェックインする前の部屋を見せてくれました。午後早い時間なのに、もう布団《ふとん》が敷《し》いてあります。枕《まくら》の上に載《の》っている千代紙の折《お》り鶴《づる》は、息子《むすこ》さんのお嫁《よめ》さんが折ったものだそうです。その心づかいにも感心しますが、なぜこんな早い時間から布団《ふとん》を敷《し》いておくのでしょうか。

ふつう、日本の旅館では、お客さんが夕食をとっている間に部屋に布団《ふとん》を敷《し》きますが、時差がある外国から来たお客さんの中には、午後三時にチェックインしたら、すぐ横になりたいという人もいます。そのため、布団《ふとん》は朝、部屋の掃除《そうじ》の際《さい》に敷《し》くようにしたのです。

また、日本の伝統的《でんとうてき》な布団《ふとん》の敷《し》き方は、床《とこ》の間《ま》のほうに枕《まくら》が来るようにしますが、外国の人はベッド感覚で壁《かべ》に寄《よ》りかかりたいため、翌朝《よくあさ》には、足元になっていた壁側《かべがわ》に枕《まくら》が置いてあることがよくあるそうです。澤《さわ》の屋《や》旅館では、初日は枕《まくら》を床《とこ》の間《ま》側にして敷《し》いておきますが、次の日からは自由にしてもらっています。

時差があって時刻《じこく》がわからないというお客さんの要望で付けられた、客室の時計。

客室のお茶のセットの上には、お茶の淹《い》れ方《かた》を図と英文で説明したカードが置いてあります。

チェックインしたらすぐに横になりたいという要望から、布団《ふとん》は敷《し》いておくことにしました。

ただ、お茶にはこだわっています。お茶の葉で淹《い》れるのが一番ですから、ティーバッグは置きません。ただし、茶筒《ちゃづつ》にはあまり茶葉《ちゃば》をたくさん入れないようにしています。まれにですが、茶筒《ちゃづつ》にお湯を入れてしまう人がいるからです。そう聞くと、わたしたちはおどろいてしまいますが、よく考えてみれば、日本風の飲み方を知らなければ、もっともなやり方です。今では、英語とかんたんなイラストで、お茶の淹《い》れ方《かた》を書いたカードをお茶のセットの上に置いています。

また、日本旅館では、日常《にちじょう》生活を忘《わす》れてもらうために、時計は置かないというところがほとんどです。しかし、外国からのお客さんの中には、時差のために、今何時なのかわからないという人もいます。そこで、各部屋に時計を用意することにしました。

館内の履物《はきもの》も、雪駄《せった》とスリッパの両方を置いています。外国の人は雪駄《せった》は履《は》かないかもしれないと思ったそうですが、靴下《くつした》の上から履《は》いたりして、じょうずに歩いているそうです。浴衣《ゆかた》も自分で着方を調べてくる人も多くいて、きちんと着ています。あまり変な着方をしている人は、奥《おく》さんが直してあげるそうです。

トイレ・お風呂《ふろ》のトラブル続出 悪気《わるぎ》はない、習慣《しゅうかん》がちがうだけ

長いこと外国人のお客さんを受け入れていると、とくに、トイレの習慣《しゅうかん》のちがいには何度もおどろかされました。和式トイレの「金かくし」の上に大便が残されていたり、汚物《おぶつ》入れに水を入れられたりするのです。

そのときは腹が立ちましたが、あとで本を読んだりテレビ番組を見て、外国の習慣《しゅうかん》を知ると、納得《なっとく》することができました。

無防備《むぼうび》だから、ドアに背中《せなか》を向けて用を足したくない、という習慣《しゅうかん》のある人たちは、和式トイレでは金かくしに座《すわ》ればちょうどいい、と考えます。また、用足し後に紙ではなく、水で洗《あら》い流《なが》す習慣《しゅうかん》の人たちもいます。トイレ内にゴムホースで水が引いてある場合はそれで洗《あら》い流《なが》したり、手桶《ておけ》が置いてあるところでは、それで水をくんで洗《あら》い流《なが》すのです。澤《さわ》の屋《や》のトイレにはホースがなかったために、置いてあった汚物《おぶつ》入れを手桶《ておけ》代わ

りにして水を入れ、おしりを洗ったということだったのです。

「どれも悪気《わるぎ》があってやったことではないと気づきました。トイレの使い方一つとっても、文化習慣《ぶんかしゅうかん》がちがう。それは『ちがい』なだけであって、いい悪いで判断《はんだん》することじゃないのだと思うようになりました」

いい悪いではなくて、ちがうのだと思えば、そのちがいを楽しむ余裕《よゆう》も出てきます。

お風呂《ふろ》の習慣《しゅうかん》も、世界中で大きなちがいがあります。澤《さわ》の屋《や》旅館のお風呂《ふろ》は、二〇〇七年に改築《かいちく》しました。小さいながらも檜《ひのき》の浴槽《よくそう》と陶器《とうき》の浴槽《よくそう》の二つのお風呂《ふろ》があり、つかると外の庭が見えるつくりになっている、風情《ふぜい》のあるお風呂《ふろ》です。

以前は、外国からのお客さんに、何度も何度も、浴槽《よくそう》のお湯を抜《ぬ》かれてしまいました。自分が浴槽《よくそう》のお湯につかったら、浴槽《よくそう》内で体を洗《あら》ったあと、お湯を捨てる習慣《しゅうかん》があるからです。あまりにたびたび抜《ぬ》かれるので、簡単《かんたん》に抜《ぬ》けないよう、栓《せん》に付けた鎖《くさり》を取ってしまいました。「浴槽《よくそう》の中で体を洗《あら》わないでください」ということも、何度も何度も言い続けました。

習慣《しゅうかん》のちがうお客さんから見たら、「日本は浴槽《よくそう》にふたをしているのがおもしろい」と言うのです。なるほどその通りです。「自分たちは浴槽《よくそう》に入ったら、体を洗《あら》ったあとにかならずお湯を捨《す》てる。でも、日本では捨《す》てずにふたをして、お湯がさめないようにしておくなんておもしろい」というわけです。また、シャワーがあるのに、なぜ蛇口《じゃぐち》も付いているのか、というのも疑問《ぎもん》の一つだそうです。

逆《ぎゃく》に考えれば、日本人も外国へ行けば、習慣《しゅうかん》がちがうと思われているということです。

澤《さわ》さんはオーストラリアに行ったとき、宿《やど》で「浴槽《よくそう》の外で体を洗《あら》わないでください」という、日本人向けの貼《は》り紙《がみ》があるのを見ました。日本のお風呂《ふろ》では、浴槽《よくそう》の外で洗《あら》うのがあたりまえですが、オーストラリアでは、浴槽《よくそう》の外側ではお湯を使いません。それなのに日本人がお湯を使ったため、水びたしになってしまったというのです。

「文化習慣《ぶんかしゅうかん》のちがいに出会えば出会うほど、それを認《みと》める心が生まれるんです。『澤さんのところは、黙《だま》っていてもちがう人が毎日入ってくるんだから、いい環境《かんきょう》にいるね』ってうらやましがられることもありますよ。ちがうからしょうがないと思うと、すごく気分が楽になりました」

そんなわけで澤さんは、お客さんがなにか失敗しても「文化習慣《ぶんかしゅうかん》のちがいだからしょうがないね」と、つい言ってしまうそうです。でも、奥《おく》さんはちがいます。「郷《ごう》に入《い》れば郷《ごう》に従《したが》え」で、日本での正しいやり方を教えてあげなければ、そのお客さんが次の旅館でまた同じまちがいをくり返してしまう、と考えるのです。

奥《おく》さんは澤《さわ》の屋《や》旅館で生まれ育ちました。ですからそんな使命感があるのかもしれません。なにか起こると一生懸命《いっしょうけんめい》にやった人を探《さが》して、日本の旅館ではこういうことしちゃいけません、ときちんと伝えるのです。

「叱《しか》られたお客さんは、『ユア、ワイフ、イズ、ベリーシビア（奥《おく》さんはこわいね）』ってわたしに言うんです。わたしはなにも言わないもんだから、やさしいって。でも、ほんとうは家内《かない》のほうが正しいのかもしれません。次の旅館に行ったとき、恥《はじ》をかかないですみますからね」

「お客様は大名《だいみょう》と同じ」なんでも聞いていた

一九三七年、新潟《にいがた》県生まれの澤《さわ》さんが、澤《さわ》の屋《や》旅館へ婿養子《むこようし》に来たときは、奥《おく》さんの母とその姉、そして伯母《おば》の女三人で旅館を切《き》り盛《も》りしていました。銀行員だった澤さんにとって、旅館の仕事は気苦労《きぐろう》の多いものでした。

働き始めたばかりのころ、お客さんに用を言いつかった澤さんが「わかりました」と答えたことがありました。すると、とたんに義母《ぎぼ》によび出されました。

「義母《ぎぼ》は、『わかりました』は対等の関係で言う言葉であって、お客様に対して使うものじゃないと言うんです。旅館の者は、けっしてお客様と対等じゃない。お客様より立場が下なんだから『かしこまりました』と言いなさい、と叱《しか》られました」

澤さんはその後も、義母《ぎぼ》から「お客様は神様と同じです」とか、「お客さんは上《あ》げ膳《ぜん》据《す》え膳《ぜん》で、大名《だいみょう》のような気分になりたいから旅館に来るんです」などと、言われ続けました。澤さんは、その教えを忠実《ちゅうじつ》に守り、お客さんの言うことはなんでも聞いていました。当時は団体客《だんたいきゃく》も多く、毎日のように宴会《えんかい》がありました。酔《よ》っぱらって理不尽《りふじん》なことを頼《たの》まれたり、一方的に文句《もんく》を言われたりして、ストレスがたまってつらかったことも多かったそうです。

ところがその後、日本のお客さんが旅館に来なくなり、外国人のお客さんを受け入れるようになると、毎日満員で忙《いそが》しいはずなのに、なぜか澤さんは自分が疲《つか》れていないことに気づきました。「いったいなぜだろう」と、澤さんは不思議《ふしぎ》に思っていました。

そんなとき、観光学部のある立教《りっきょう》大学の大学院に通う幸田麻里子《こうだまりこ》さんという人から、外国のお客さんから澤《さわ》の屋《や》に来た礼状《れいじょう》に、どんなことが書かれているか分析《ぶんせき》してみたいという申し出がありました。手紙の束《たば》を渡《わた》して半年後、幸田さんの分析《ぶんせき》結果には、澤さんがなぜ疲《つか》れないかの答えがあったのです。

礼状《れいじょう》はだいたい「サンキュー　フォー　○○」という言葉から始まっています。幸田さんが、いったいなにに対して「ありがとう」と言っているのかを集計すると、「ホスピタリティー（もてなし）」や「カインドネス（親切）」「ヘルプネス（手助け）」という言葉が多く、「サービス」というのは、ほんの少しでした。

幸田さんは、「澤《さわ》の屋《や》は小さな日本旅館で施設的《しせつてき》な特徴《とくちょう》はほとんどなく、主人の澤さんが優《すぐ》れた語学力をもっているわけでもない。しかし、利用者の評価《ひょうか》がとても高い」と分析《ぶんせき》しました。

なぜなら、お客さんの礼状《れいじょう》には、「澤さんのホスピタリティーによって、日本がわたしにとって特別《とくべつ》な場所になった」「日本を再《ふたた》び訪《おとず》れたいと思うようにしてくれた」というように、日本を理解《りかい》する糸口となったこと、日本に対してよいイメージを抱《いだ》く手助けをしてくれたことに感謝《かんしゃ》しているという表現《ひょうげん》が、とても多かったのです。

「わたしたち一家が廃業《はいぎょう》をまぬがれるために、とにかく一生懸命《いっしょうけんめい》に対応《たいおう》してきたことが、サービスではなくホスピタリティーとして受け取られていたんですね。思いがけず、うれしいことでした」

澤《さわ》の屋《や》は「サービス」より「ホスピタリティー」で

サービスという言葉は、「slave《スレイブ》（奴隷《どれい》）」という言葉が語源《ごげん》で、召使《めしつか》いが主人を滅私《めっし》奉公《ほうこう》で満足させることでお金を得るという意味合いがあります。ホスピタリティーというのは、「hospital《ホスピタル》（病院）」が語源《ごげん》です。こちらは、看護師《かんごし》さんが患者《かんじゃ》さんを看護《かんご》するというところからきている言葉です。

日本の旅館では伝統的《でんとうてき》に、当然のようにお客さんの荷物を運び、「タバコを買ってきて」と言われれば買いに行きます。それは、お客さんも旅館の人も、宿泊料《しゅくはくりょう》の中に「サービス」の料金が入っていると考えているからです。

しかし、多くの外国からのお客さんは、そういった人的《じんてき》サービスは宿泊料《しゅくはくりょう》に入っていないという考え方をしているため、できることは自分でやります。「あなたはたまたま旅館の主人、わたしはここに泊《と》まりに来た客で、立場は対等。上下関係はない」という意識《いしき》です。そのかわり、宿には「ホスピタリティー」を求めているのです。

「最初のころは、とにかく肩《かた》に力が入っていました。お客様に、荷物は置いておいていいと言われたのに、部屋まで持っていったこともあったんです。でも、だんだんと『そういうサービスは求められていないんだ』とわかってきたんですね」

日本旅館がサービスだと思ってしていることは、じつは押《お》し付《つ》けにすぎないんじゃないか……。そう考え始めた澤《さわ》さんは、求められたことだけに親切に対応《たいおう》するというやり方に切《き》り替《か》えました。

そのかわり、病気になったら病院にいっしょに行ったり、救急車を呼《よ》んだり、なくなったパスポートを宿じゅう探《さが》し回《まわ》ったりと、なにかお客さんに困《こま》ったことがあれば一生《いっしょう》懸命《けんめい》に助けるというふうにしました。そうしたことを、外国のお客さんは「ホスピタリティー」として受け止めていたのです。

また、外国のお客さんは、とてもほめじょうずでもあります。部屋に連れていくたびに、「ワンダフル（すばらしい）」とか「インタレスティング（おもしろい）」とか、「ハッピー（うれしい）」などと、たくさんのほめ言葉を言ってくれるのです。

あるとき、石川県《いしかわけん》の金沢《かなざわ》や、京都を回ってきたお客さんが、澤さんのところにもどってきて、「やっぱり澤《さわ》の屋《や》がナンバーワンだ」と言って帰っていったことがあったそうです。

うれしくなった澤さんが、ほかの旅館の仲間たちに自慢《じまん》したら、「うちだって、ナンバーワンっていつも言われてるよ」というのです。

「彼《かれ》らはどこへ行ってもそう言うんですね。要するに、相手をほめて、胸《むね》の内を開かせてからコミュニケーションをとるんです。

まるでお客さまに喜ばされて、商売をさせてもらっているようなものです。だから昔《むかし》のように、ストレスを感じたりしないのでしょう」

こんなすてきなお客さんたちに対して、澤さんはどうしても対等とは思えず、自分たち宿《やど》の者は「お客さんよりちょっと下」というぐらいの感覚で接《せっ》しているそうです。

日本ならではのおもしろさ 家族《か》《ぞく》経営《けい》《えい》だからこそ

澤《さわ》の屋《や》旅館のフロントの脇《わき》には、さまざまな英語のパンフレットが置かれた棚《たな》があります。外国のお客さんが観光するときに役立つように集めたものです。パンフレットを用意していない場所に出かけたお客さんには、英語のパンフレットを持ち帰ってもらうこともあります。そうすれば、次のお客さんが出かけていきやすくなるからです。

博物館のポスターも貼《は》ってあります。日本文化に興味《きょうみ》を示《しめ》す外国人に来てもらおうと、外国人客の多い澤《さわ》の屋《や》に、定期的に送られてくるのです。染《そ》め物《もの》、民芸品《みんげいひん》などのお土産《みやげ》物屋さんの情報《じょうほう》や、歌舞伎座《かぶきざ》の公演情報《こうえんじょうほう》、盆栽《ぼんさい》を買える郊外《こうがい》の園芸《えんげい》農家、相撲《すもう》部屋の見学、座禅《ざぜん》を体験できるところ、着物の着付けと記念撮《きねんさつ》影《えい》の案内なども、たくさんファイルしてあります。

お客さんに聞かれて、インターネットや新聞などで調べた情報《じょうほう》を、その都度《つど》ファイリングして、同じことを聞かれたときにすぐ教えてあげられるようにしています。そのためファイルはパンパンで、ジャンル別に数十センチの厚《あつ》さになっています。

こんな観光情報《じょうほう》の提供《ていきょう》のほかに、澤《さわ》さんは旅館で季節《きせつ》の行事も行っています。お正月には息子《むすこ》さんが獅子舞《ししまい》をし、二月には節分《せつぶん》、五月になれば菖蒲湯《しょうぶゆ》という具合です。泊《と》まりにくる外国の人に、日本の四季《しき》折々《おりおり》の行事を味わわせてあげたいからです。

ところが、あるカナダ人のお客さんが、帰国したあと送ってくれた礼状《れいじょう》を見て、びっくりしたことがありました。

「『はじめて旅館に泊《と》まって布団《ふとん》に寝《ね》たり、いろいろおもしろかった。でも、いちばんディファレントカルチャー（異文化《いぶんか》）を感じておもしろかったのは、あなたの孫《まご》二人が毎日すごい大騒《おおさわ》ぎをして、保育園のバスに乗りこむところだった』って言うんです」

そのお客さんは、澤さん一家の日常《にちじょう》のなにげない風景が一番おもしろかったというのです。保育園に行くこと自体は、日本とカナダで大きなちがいはないでしょう。ところ

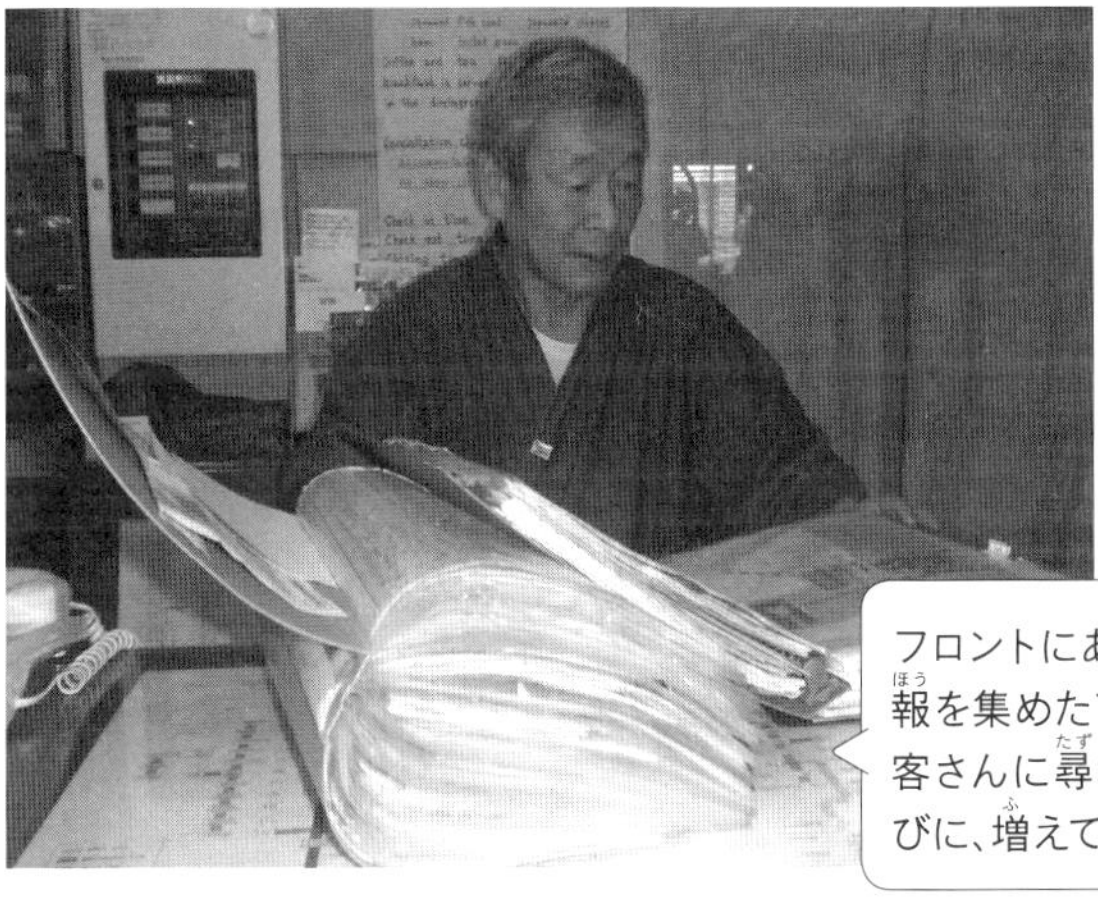

フロントにある観光情《じょう》報《ほう》を集めたファイル。お客さんに尋《たず》ねられるたびに、増《ふ》えていきました。

お風呂《ふろ》の入り口。日本式のお風呂《ふろ》の入り方が、英語と日本語で説明してあります（152ページ参照《さんしょう》）。

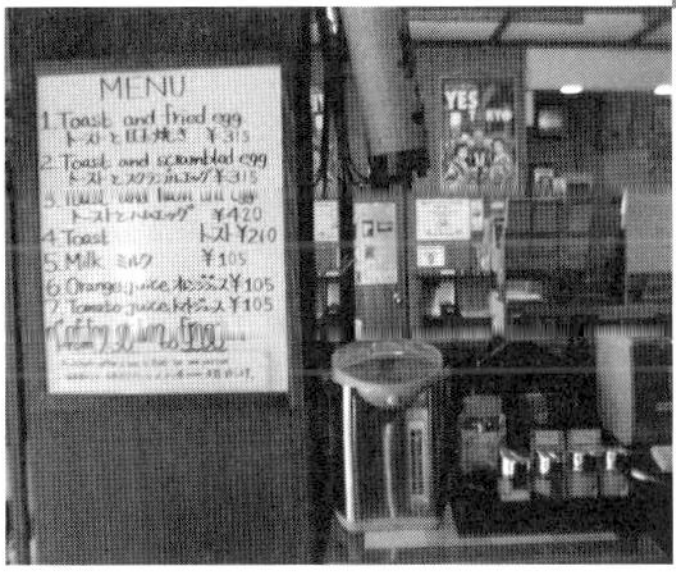

食堂の朝食メニュー。コーヒー・紅茶は無料でセルフサービスです。

が、そのお客さんには「行きたくない」と泣く子どもを、とにかく抱《だ》きかかえてバスに乗せてしまうという、日本ならではの生活の光景が、なにより興味深《きょうみぶか》く映《うつ》ったというのです。

「ほんとうに外国のお客さんが望んでいるのは、懐石《かいせき》料理でもお寺でも舞妓《まいこ》さんでもないのかもしれない」

澤さんは、その礼状《れいじょう》で、そんなことに気づきました。

「孫《まご》たちがフロントのうしろで大騒《おおさわ》ぎしていて、うるさくてごめんなさいと謝《あやま》ったら、『それはハッピーノイズ（幸せな騒音《そうおん》）だから気にしない』と言われることもあります。家族経営《けいえい》の旅館だから、ここはそういうのをふくめて楽しんでもらっていいのかなと思ってるんです。それに、『ここは家族でやっているからいつ来ても同じでうれしい。もし旅館を大きくしたりしたら、もう来ない』というお客さんも多い。家族旅館だからこそ、来てくれるんです」

谷中《やなか》のまちが「ホテル」
ふれあいで日本が好きになる

そんなこともあって、澤《さわ》さんは「外国のお客さんが一番に求めているのは、日本のなにげない日常《にちじょう》生活や、ふつうにまちで暮《く》らしている、日本人とのふれあいなんじゃないか」と考えるようになりました。

澤《さわ》の屋《や》旅館は、最初は、朝夕食付きにしていましたが、旅館の夕食は値段《ねだん》が高くて外国のお客さんにはいらないと言われることも多くなり、だんだん泊《と》まりと朝食だけになっていきました。昼食や夕食、さらに長期滞在《たいざい》のお客さんならクリーニングや散髪《さんぱつ》なども「まちの中でお願いする」形になりました。

以前、フランスの若《わか》い芸術家《げいじゅつか》三人が、三か月の予約を入れてきたことがありました。「こんなに長く滞在《たいざい》してくれるなんて、いいお客さんだね」と話していたら、来たとたんに「もっと広い部屋はないか」とか「部屋に風呂《ふろ》はないのか」と不満を口にします。

もしかしてすぐ帰っちゃうんじゃないか、と澤さんは思ったそうです。ところが、四、五日たつと、文句《もんく》を言わなくなったのです。

それは、彼《かれ》らがまちになじんだということでした。昼ごはんも夕ごはんもまちの中で食べて、友だちと近くの喫茶店《きっさてん》に行く。谷中《やなか》にはフランス料理屋もクリーニング店もあるし、歴史《れきし》あるせんべい屋さんも居酒屋《いざかや》さんも、なんでもそろっています。いわば、まち全体がホテルの機能《きのう》を果たしているのです。

「宿が最低限《さいていげん》のことしかしないために、お客さんはまちに出ていくんです。まちの人も『澤《さわ》さんのところのお客さんだね。どこ行くの?』って声をかけてくれる。

そうやって町の中で出会った日本人に親切にされたり、いっしょに時間をすごして、彼《かれ》らは思い出をつくります。出会った日本人を通して、日本を好きになるんですね」

澤さんは以前、亡《な》くなった作家の杉浦日向子《すぎうらひなこ》さんに、こんな話を聞いたことがあります。

江戸《えど》のまちでは、長屋《ながや》に住むには三つの不文律《ふぶんりつ》（ルール）があった。「新しく長屋《ながや》に来た人に、生国《しょうごく》（出身地）を聞かない、年齢《ねんれい》を聞かない、家族構成《こうせい》を聞かない」。その人が自分から話すならいいけれど、相手に根掘《ねほ》り葉掘《はほ》り聞くような人は、長屋《ながや》には住めなかったというのです。

「つまり、よそから来た人を歓迎《かんげい》はするけれど、プライバシーを侵害《しんがい》するようなことはしないんです。杉浦さんは、その生活のしかたが、谷中《やなか》近辺にはまだ残っていると言っていました。つまり、外国のお客さんが来ても、『ガイジン』って特別《とくべつ》あつかいしないから、すごしやすいんですね」

谷中《やなか》には、外国の観光客を受け入れるための対策《たいさく》委員会などはありません。必要以上に干渉《かんしょう》はしませんが、困《こま》ったことがあれば助けます。澤《さわ》の屋《や》旅館のある谷中《やなか》のまちは、自然とそういうことができるから、日本人とのふれあいが楽しめるのかもしれません。そして、すばらしい景色などよりも、そういうふれあいが、旅の思い出として最後まで残るものなのです。

温泉やお寺、古い町並《まちな》み……。外国のお客さんが日本を理解《りかい》するための観光地はたくさんあります。でも、いちばん大切なのは、そのまちの人たちが、いかに気安く外国のお客さんを受け入れるか、ということなのかもしれません。

お客さんにはアンケートノウハウはすべて公開

澤《さわ》さんは、泊《と》まってくれたお客さんにアンケートをとるようにしています。国籍《こくせき》、職《しょく》業《ぎょう》、年齢《ねんれい》のほかに、何泊《なんぱく》するのか、どんな旅をしているのか、お客さんの旅のしかたを自由に書いてもらうものです。澤さんはそのデータを手書きの「正」の字で集計します。

今までに来たお客さんの国籍《こくせき》は、九十か国は超《こ》えています。学生さんが一番多いですが、教師をはじめ、二百ぐらいのさまざまな職業《しょくぎょう》の人が訪《おとず》れていることがわかります。

これらのデータは、年間三十回ほどある講演《こうえん》に呼《よ》ばれたときなどに公開します。データのほかにも「外国人のお客さんを受け入れたいけれど、どうしたらいいのかわからない」という旅館経営者《けいえいしゃ》のために、澤《さわ》の屋《や》のノウハウも公開しています。

見学したいという旅館の人が連絡《れんらく》してきたら、館内すべてを見てもらいます。マスコミなどからの取材も、快《こころよ》く受けています。澤さんは、自分たちのやり方をみんなに知ってもらう、ということを、けっして怠《おこた》らないのです。

旅館の仕事もして、講演《こうえん》もという生活は、とても多忙《たぼう》です。それでも澤さんは、使命感に駆《か》られたように、前に進み続けることをやめません。

「澤《さわ》の屋《や》は、毎日外国のお客さんで満室が続くようになりました。これを維持《いじ》するにはどうすればいいかと考えたら、日本に来るお客さんを増《ふ》やすことが一番です。ほかの旅館やホテルのためでもあるけれど、結局は、澤《さわ》の屋《や》のためなんです」

澤さんは、矢島《やしま》さんに外国人客の受け入れをすすめられても、一年間踏《ふ》み切《き》れなかった自分をふり返ります。悩《なや》んでいた澤さんに、矢島さんは旅館のすべてを惜《お》しみなく見せてくれました。残念《ざんねん》ながら、その矢島さんは、もうこの世にはいません。

「矢島さんがいなかったら、うちは廃業《はいぎょう》していました。矢島さんへの恩返《おんがえ》しと、澤《さわ》の屋《や》の安泰《あんたい》のため。その二つに、わたしは動かされているんです」

海外旅行では「ウェルカムジャパンキャンペーン」

澤《さわ》さんは、毎年六月には、一週間旅館を休んで、奥《おく》さんと海外旅行に出かけることにしています。ここ三年間は、お風呂《ふろ》の改装費用《かいそうひよう》がかかったためお休みしていましたが、二〇〇八年から復活《ふっかつ》です。

旅行中には、「わたしの国に来たら、ぜひうちに来てくれ」と言ってくれるお客さんのところを訪《たず》ねていくこともあります。各国のB＆B《ビーアンドビー》（ベッド＆《アンド》ブレックファスト、泊《と》まりと朝食だけの宿《やど》）とよばれる宿《やど》に泊《と》まって、澤《さわ》の屋《や》で使えるアイディアのヒントをもらうこともよくあります。

澤さんは海外へ行くと、かならずすることがあります。それは、「ウェルカムジャパンキャンペーン」です。といっても、大げさなことではありません。澤さんと奥《おく》さんが、レストランの場所や道を尋《たず》ねたりした現地《げんち》の人に、日本のバッジをあげて「ウェルカム、トゥ、ジャパン（日本へおいでください）」と言うのです。

澤さんがこれを始めたきっかけは、オーストラリアから来たお客さんが、旅館に小さなコアラの人形を置いていってくれたことでした。それは一人のお客さんだけではありませんでした。しかも、それぞれのお客さんが置いていくコアラは、みんな顔つきも服《ふく》装《そう》もちがいます。

「これはなんですか」と、澤さんはあるお客さんに聞いてみました。すると、それは「今度はオーストラリアに来てね」という意味で、海外で出会った人に配るのだということでした。

「つまりそれをまねたんですよ。バッジをもらったことが、日本を訪《おとず》れるきっかけになったらいいなと思うんです。日本人は、年間千八百万人も海外へ出かけるのですから、みんなが訪《おとず》れた国でバッジを配ったら、もっと日本と海外のふれあいが生まれると思います」

おわりに

だれもが自由に旅できることを願って

旅の夢《ゆめ》をかなえるために奔走《ほんそう》し続ける五人のストーリーは、いかがだったでしょうか。

「障害《しょうがい》があっても、楽しい旅なんてできるの?」と、思っていた人は、彼《かれ》らの繊細《せんさい》な感性《かんせい》や旅を楽しみたいというエネルギーにふれて、びっくりしたのではないでしょうか。また、障害《しょうがい》のある人のために旅をつくっている人びとが、目先の利益《りえき》よりも、自《みずか》らも楽しみながら旅をサポートするために、日々ひたむきに仕事をしていることを知り、胸《むね》を打たれた人もいるかもしれません。

わたしが取材をし終わって印象的《いんしょうてき》だったのは、五人のみなさんに共通する姿勢《しせい》でした。それは、「障害《しょうがい》があることに対して気をつかったり、また逆《ぎゃく》に特別《とくべつ》あつかいを望んだりせずに、旅をする側もサポートする側も、ただ楽しい旅をするという目標のために、精一杯努力《せいいっぱいどりょく》をしている」ことです。そこには「障害者《しょうがいしゃ》と健常者《けんじょうしゃ》」という対立した言葉が表す、まるで別々の人間であるかのような関《かん》係性《けいせい》はありません。おたがいに一人の人間として向き合って、「旅行がしたい。障害《しょうがい》がある。さあ、どうするか」という一点に向かって、切磋琢磨《せっさたくま》する姿《すがた》がありました。

ふだん、障害《しょうがい》のある人と日常的《にちじょうてき》なつきあいがなかったわたしは、障害《しょうがい》のある人がどのように旅を楽しむのか、疑問《ぎもん》だらけでした。ところが、いちばん最初に取材をした服部敦司《はっとりあつし》さんが、その疑問《ぎもん》を消《け》し去《さ》ってくれました。「目が見えないのに旅行をして楽しいんですか？」というぶしつけな質問《しつもん》にも怒《おこ》らずに応《おう》じてくださり、さらに、人とのコミュニケーションを通して旅を感じることのすばらしさを教えてくれたからです。

そのおかげで、次に取材をした頸髄損傷者《けいずいそんしょうしゃ》の麸澤《ふざわ》さんの取材には、肩肘《かたひじ》張《は》らずに臨《のぞ》むことができました。乗り物に乗って旅行をするのが大好きな麸澤《ふざわ》さんがくり返し口にしていたのが、同じように車いすに乗っている人でも、それぞれがまったくちがう障害《しょうがい》だということでした。ひとくちに障害者《しょうがいしゃ》だからといって、だれもが同じように助けてほしいと思っているわけではなく、自立した暮《く》らしを望んでいる人もたくさんいます。一人の人間として社会参画《さんかく》したいという、ひたすら前向きな姿《すがた》を見て、勇気づけられた思いがしました。

いっぽう、旅をサポートする側に立つ、高萩徳宗《たかはぎのりとし》さん、秋元昭臣《あきもとあきおみ》さん、澤功《さわいさお》さんには、相手がほんとうに望むことを自分のできる範囲《はんい》で行う、という共通点があるように思えました。障害《しょうがい》のあるお客さんや、言葉が通じないお客さんに対して、まるで腫《は》れ物《もの》をあつかうように必要以上のサービスをするのは、逆《ぎゃく》に差別につながりかねないのです。三人のみなさんは相手を尊重《そんちょう》し、「ここを助けてほしい」という訴《うった》えに的確《てきかく》に応《おう》じているのです。それは簡単《かんたん》なようでいて、じつはたいへんに難《むずか》しいことだと思います。

また、五つのストーリーは、旅という体験そのもののすばらしさも伝えてくれています。わたしもまた、旅に助けられた人間の一人です。日本の古きよき風景や習慣《しゅうかん》が残る東京の下町に生まれたわたしは、十代のころ、自分の住んでいる場所を好きになれませんでした。ところが、高校卒業後《そつぎょうご》、あこがれていたヨーロッパに行ってみると、逆《ぎゃく》に日本の文化に興味《きょうみ》をもち、そのすばらしさに気づくことができました。今では、伝統工芸《でんとうこうげい》の職人《しょくにん》さんを取材してその技《わざ》や生きざまを伝える仕事をしたり、プライベートでも手ぬぐいや着物を集めたり、落語《らくご》や文楽《ぶんらく》を見に行ったりするようになりました。もし、わたしに異国《いこく》に旅をするという経験《けいけん》がなければ、きっとまったくちがう人間になっていただろうと思います。

そんなすばらしい気づきや転機をあたえてくれる旅という体験を、障害《しょうがい》があるというだけで奪《うば》われることは、けっしてあってはならないことだと思います。少しでも早く、だれもが本心から旅を楽しめるようになることを願ってやみません。

末筆《まっぴつ》ながら、貴重《きちょう》な時間を割《さ》いて取材に協力してくださったみなさん、そして、この本を執筆《しっぴつ》する機会をあたえてくださったすべての方々に、心よりお礼を申し上げます。

また、取材をした五人のみなさんのすてきなお話を的確《てきかく》に伝える作業は、たいへんに難《むずか》しいものでした。つたない文章を少しでもわかりやすくするために、最後まで叱咤激励《しったげきれい》を重ねてくださった編集者《へんしゅうしゃ》の土師睦子《はじむつこ》さんに心より感謝《かんしゃ》申し上げます。

最後に、読んでくださったみなさんにも、すてきな旅がおとずれることを願って。

二〇〇八年　四月

三日月《みかづき》ゆり子《こ》

参考文献

第一章 景色が見えなくても旅は楽しい

●全国視覚障害者外出支援連絡会（ＪＢＯＳ） http://jbos.jp/

第二章 行きたい気持ちの背中を押して

●『バリアフリーの旅を創る』（高萩徳宗、実業之日本社）
●『サービスの教科書』（高萩徳宗、明日香出版社）
●ベルテンポ・トラベル・アンドコンサルタンツ
http://www.beltempo.jp/

第三章 旅で決意した自立生活

●ふざわ・たかしホームページ
http://homepage3.nifty.com/fuzawa/
●もっと優しい旅への勉強会 Tourism For All,JAPAN
http://www.yasashiitabi.net/top.html

第四章 バリアフリーは楽しみながら

●京成ホテル http://www.keiseihotel.co.jp/
●ラクスマリーナ http://www.lacusmarina.com/
●NPO法人セイラビリティ・ジャパン
http://www.sailability.com/mainjpn.htm

第五章 ちがいに出会えば出会うほど

●『ようこそ旅館 奮闘記』
（澤功、社団法人日本観光旅館連盟監修、日観連事業）
●澤の屋旅館
http://www.tctv.ne.jp/members/sawanoya/
●ジャパニーズ・イン・グループ http://www.jpinn.com/

●『ユニバーサルデザインってなに？』（成松一郎、東京大学先端科学技術研究センターバリアフリープロジェクト監修、あかね書房）
●『くらしの中のユニバーサルデザイン』（星野恭子、東京大学先端科学技術研究センターバリアフリープロジェクト監修、あかね書房）
●『まちのユニバーサルデザイン』（中和正彦、東京大学先端科学技術研究センターバリアフリープロジェクト監修、あかね書房）

三日月ゆり子（みかづき・ゆりこ）
1979年東京下町生まれ。フリーライター。ヨーロッパへ留学後、日本ジャーナリスト専門学校入学。卒業後、週刊誌やガイドブック、カルチャー誌などで、人物インタビューやグッズレビューを執筆。すだれや漆器、舞扇など、消えつつある日本の伝統工芸の職人を取材したことが印象深い。

カバー・はじめに・章扉イラスト●丸山誠司
本文イラスト●おちあやこ
デザイン●諸橋藍（釣巻デザイン室）
写真提供●服部敦司、高萩徳宗、鼓澤孝、秋元昭臣、
三日月ゆり子

ドキュメント・ユニバーサルデザイン
旅の夢かなえます
だれもがどこへでも行ける旅行をつくる
2008年５月25日　第１刷発行

著者　三日月ゆり子
企画・編集　有限会社 読書工房
発行者　佐藤　淳
発行所　大日本図書株式会社
〒112-0012
東京都文京区大塚３-11-6
電話 03-5940-8678（編集），8679（販売）
振替 00190-2-219
受注センター 048-421-7812
印刷　錦明印刷株式会社
製本　株式会社若林製本工場

ISBN978-4-477-01931-4　NDC369

「ユニバーサルデザイン」という ことばを知っていますか？

もともと…

アメリカのロン・メイスという研究者が提唱したことばで
製品や建物などをデザインするときに
あらかじめいろいろな立場の人を想定し
できるだけ多くの人が使いやすいようにくふうしようという
考え方をあらわしています。

たとえば？

駅は毎日いろいろな人が乗り降りする公共の場です。
目の見えない人、見えにくい人、
耳が聞こえない人、聞こえにくい人、
車いすを使っている人、ベビーカーを押しているお母さん、
杖をついたお年寄り、妊娠している人、
日本語があまりわからない外国人…。
だれもが利用しやすい駅をつくろうと考えたとき
あなたならどんなくふうをするでしょうか。

そして！

ユニバーサルデザインという考え方は
製品や建物だけを対象にしているのではありません。
情報やサービスなど目に見えないものについても
ユニバーサルデザインを考えることができます。

ドキュメント UD

**「ドキュメント・ユニバーサルデザイン」では
いろいろな立場から、ユニバーサルデザインを目指して
さまざまなくふうをしている人たちの物語をご紹介します。**